W0110261

DAS KULTURELLE GEDÄCHTNIS • VERLAG •
ASTV NON VI

IMPRESSUM

Wir danken dem PEN Deutschland
und seiner ›Stiftung für die Freiheit des Worts‹

Zu Übersetzung und Transkription:
Im Deutschen fest verankerte Namen wurden in der gängigen Schreibweisen belassen. Ansonsten folgen die Texte den Originalsprachen d. h aus dem Russischen also z.B. ›Lukaschenko‹, ›Nemiga‹, ›Okrestino‹;
aus dem Belarusssischen ›Lukaschenka‹, ›Njamiha‹, ›Akreszina‹.

Die Übersetzungsarbeit wurde vom Deutschen Übersetzerfonds gefördert.

Der VERLAG DAS KULTURELLE GEDÄCHTNIS dankt für diesen Band ganz besonders allen Autoren und Förderern. Gedankt sei auch den Unterstützern des Verlags: Reinhart Binder, Frederic Böhle, BUCHMARKT, Andrew & Jeff Goldstein, Janine & Philipp Graf, Eva Großjean-Ehe, Heinz Hörner, Lucian Krawczyk, Kathrin Kunkel-Razum, DAS MAGAZIN Die Kulturzeitschrift, Friederike Mayer-Lindenberg, Gabriele Pohlmann, Moritz Rauchhaus, Oliver Razum, Stefan Reiserer, Elisabeth Ruge, Thomas Sarbacher, Thomas Schöttler, Hartmut Sommer, Beate Swoboda, den Gesellschaftern des Verlages sowie einigen Ungenannten, die im Dank eingeschlossen sind.

ISBN 978-3-946990-58-1
1. Auflage 2021

mis en bouteille au château

Gesamtgestaltung: studio stg/2xGoldstein+Fronczek
Gestaltung & Satz: studio stg
Korrektorat: Stefan Reiserer
Druck & Bindung: CPI books GmbH, Ebner & Spiegel Ulm
Das Foto auf dem Cover stammt von pexels

Mehr zum Verlag auf
www.daskulturellegedächtnis.de

Aus Gründen des Umweltschutzes schweißen wir unsere Bücher nicht ein.

STIMMEN DER HOFFNUNG

herausgegeben
von

Alina Lisitzkaya

СОДЕРЖАНИЕ

INHALT

ОТ ГЛАВНОГО РЕДАКТОРА

Эта книга – дело сердца. Когда я увидела первые фотографии массовых протестов после фальсификации выборов в августе 2020 года в Беларуси, я была глубоко тронута. Никогда меня так не трогали события на моей родине. До того я никогда не видела своих соотечественников такими решительными, солидарными и мужественными. Я увидела в их лицах надежду. Надежду на лучшую – справедливую и демократическую – жизнь. Демонстранты, яркие и креативные, протестовали мирно и неутомимо – несмотря на аресты, насилие и жестокость со стороны властей.

Эта книга – попытка внести небольшой вклад в документирование беларусского опыта солидарности и преодоления страха. Для нынешнего и будущего поколений беларусов теперь это часть истории страны. Также мы надеемся поспособствовать тому, чтобы надежды и опыт беларусов, протестующих против режима Лукашенко, были услышаны людьми зарубежом. Но главная цель издания книги – помочь сохранить надежду, так как когда человек услышан, он ее не теряет. Таким образом, каждый читатель вносит свой вклад, поддерживая надежду на перемены к лучшему, особенно в нынешней чрезвычайно сложной политической ситуации в Беларуси.

Множество очерков, рассказов, стихов, сообщений с мест событий о протестах и происходящем в Беларуси стало появляться с августа 2020 года в социальных сетях, письмах, коммуникации между протестующими. Эти тексты кажутся

VORWORT

Dieses Buch ist eine Herzensangelegenheit. Als ich die ersten Bilder von den Massenprotesten in Belarus nach den gefälschten Wahlen vom August 2020 sah, war ich zutiefst ergriffen. Nie zuvor war ich vom Geschehen in meiner Heimat so berührt gewesen. Nie zuvor habe ich meine Landsleute so entschlossen, solidarisch und mutig erlebt. Ich sah Bilder der Hoffnung – Hoffnung auf ein besseres und gerechteres, auf ein demokratisches Leben. Die Demonstranten wirkten klug, kreativ und anmutig. Sie kämpften friedlich und waren unermüdlich – trotz der Verhaftungen, der Gewalt und der Grausamkeit der Staatsmacht.

Das Buch soll einen kleinen Beitrag dazu leisten, dass die Erfahrungen der Überwindung von Angst und die Erfahrung der Solidarität dokumentiert wird und damit ein Teil der Geschichte von Belarus bleibt – für diese und die kommenden Generationen. Das Buch soll auch dazu beitragen, dass die Hoffnungen und Erfahrungen der gegen das Lukaschenko-Regime protestierenden Belarussen von Menschen im Ausland gehört werden. Und das Buch soll helfen, die Hoffnung zu bewahren, denn so lange man gehört wird, verliert man auch die Hoffnung nicht. Ein jeder Leser trägt insofern ein wenig dazu bei, diese Hoffnung zu erhalten – auch in dieser jetzt so überaus schwierigen politischen Situation.

In sozialen Netzwerken, in Briefen und im direkten Austausch der Freiheitskämpfer begann ein Vielzahl von Reden, Erzählungen, Traumprotokollen und Gedichten über das Erlebte und die

мне важным свидетельством и историческим сокровищем, в том числе и для людей вне Беларуси. Книга предлагает подборку и очень личных, и художественных, и эссеистических текстов. Все это – голоса надежды людей разных классов и возрастов. Также в нее включены повествования демонстрантов и прохожих, которые были арестованы, заключены в тюрьмы и подвергались там жестокому обращению или пыткам. Помимо текстов профессиональных авторов, книга вмещает тексты людей, впервые формулирующих свой опыт на бумаге для публики. Все они представлены как на языке русского или беларусского оригинала, так и в немецком переводе.

Я благодарю от всего сердца всех, кто внес свой вклад в создание этой книги. Прежде всего, мое сердечное спасибо авторам, которые пошли на, без сомнения, большой риск, согласившись на публикацию. Также я благодарю издательство «VERLAG DAS KULTURELLE GEDÄCHTNIS», особенно Вольфганга Хёрнера и организацию для поддержки литераторов «PEN-Germany». Большое спасибо Роману Эменделину, который оказывал мне огромную поддержку на протяжении всего проекта. Спасибо Веронике Кругловой, которая оказала особую помощь в период трудного начала работы над книгой. Спасибо всем переводчикам и создателям книги, которые без колебаний внесли солидарный вклад в этот сложный, во многом заговорщический и для многих небезопасный проект.

Алина Лисицкая

Hoffnung auf die Zukunft zu kursieren. Diese Texte scheinen mir ein berührendes Zeugnis und ein historischer Schatz zu sein, auch für Außenstehende. Das Buch bietet eine Auswahl teils sehr persönlicher, teils literarischer, teils essayistischer Texte. Die Stimmen der Hoffnung stammen von Menschen unterschiedlicher Schichten und unterschiedlichen Alters. Sie enthalten auch Berichte von Demonstranten und Passanten, die von der Staatsmacht verhaftet, eingesperrt, misshandelt oder auch gefoltert wurden. Neben Texten professioneller Autoren finden sich Texte von Menschen, die ihr Erlebtes zum ersten Mal für die Öffentlichkeit formulieren. Alle Texte werden sowohl in deutscher Übersetzung und zugleich in der russischen oder belarussischen Originalversion abgedruckt.

Ich bedanke mich von ganzem Herzen bei allen, die für dieses Buch einen Beitrag geleistet haben. Großer Dank gilt dem »VERLAG DAS KULTURELLE GEDÄCHTNIS«, ganz besonders Wolfgang Hörner, sowie dem »PEN-Deutschland«. Großer Dank gilt Roman Ehmendelin, der mich von Anbeginn an in vielerlei Hinsicht unterstützt hat. Dank auch an Veranika Kruhlova, die am schwierigen Anfang des Projekts eine besondere Stütze war. Dank auch den vielen Übersetzern und den Gestaltern des Buches, die ebenso ohne zu zögern einen solidarischen Beitrag geleistet haben zu diesem komplizierten, unter teils konspirativen Bedingungen erstellten und für viele nicht risikolosen Projekt. Dank gilt aber vor allem den Autoren, die das größte Risiko auf sich genommen haben.

Alina Lisitzkaja

АЛЬГЕРД БАХАРЭВІЧ

MENSK

Раней я пісаў, што люблю і ненавіджу свой родны горад. Цяпер скажу: Менск, я табой ганаруся. Гэтымі днямі ты для мяне самае прыгожае места ў сьвеце. Прыгожае і страшнае. Ты пахнеш свабодай, у цябе голас параненага, але жывога і поўнага рашучасьці біцца нягледзячы ні на што вялікага і моцнага сэрца. Я забыўся, што ты можаш быць такім; ды ты ніколі гэткім і не бываў. Гэткім белым і гэткім чырвоным, гэткім балюча-прыгожым і сапраўдным, гэткім сваім.

А я вось ужо забаяўся, што не дажыву. Так, чым бы ўсё ні скончылася, да галоўнага мы дажылі. І Менск ужо ніколі ня будзе ранейшым. Той, мінулы Менск быў горадам нябачнай, сарамлівай любові, якая хавалася ў шчылінах паміж жахам, тупасьцю, паміж маўчаньнем і гучнай пошласьцю. А ў гэтым Менску любоў і свабода пануюць ужо які дзень.

Цяпер я баюся найперш за тых, каго люблю. Заўтра я буду баяцца тысяч іншых рэчаў, процьма страхаў уюцца вакол нашых галоваў, як дурныя сны. Няхай мы нарэшце пераможам фашызм. Кожны як можа, кожны як умее. У сабе і ў іншых.

Менск у кожным разе калі-небудзь вернецца ў межы нармальнасьці. Горад на тое і горад, каб у ім жылі ня толькі розныя людзі, але недавер, падман, хцівасьць, кашмарныя мроі, дурні, праблемы і ўсялякая паўсядзённая мітусьня. Але я веру, што час ад часу, ходзячы па гэтых вуліцах па справах і проста так, мы будзем зрэдзьчас нечакана сустракаць у ім цені саміх сябе. Тых сябе, якія хадзілі тут калісьці ў пошуках свабоды і праўд і разумелі адно аднога бяз словаў, – і

ALHIERD BACHAREVIČ

MINSK

Ich habe einmal geschrieben, dass ich meine Heimatstadt liebe und hasse. Jetzt kann ich sagen: Minsk, ich bin stolz auf dich. In diesen Tagen bist du für mich zur schönsten Stadt der Welt geworden. Schön, aber auch furchtbar. Du riechst nach Freiheit, deine Stimme ist das geschundene, aber doch lebendige und zu allem entschlossene Schlagen eines gegen alle Widrigkeiten großen und starken Herzens. Ich hatte vergessen, dass du so sein kannst; wohl, weil du noch nie so gewesen bist. So weiß und so rot, so schmerzlich schön und aufrichtig, so vertraut.

Ich hatte befürchtet, dass ich das nie erleben würde. Nun, wie auch immer es ausgehen wird: Wir haben den Höhepunkt erlebt. Minsk wird nie mehr sein wie zuvor. Das vergangene Minsk war eine Stadt, in der sich die unsichtbare, scheue Liebe in den Ritzen zwischen Angst, Stumpfsinn, zwischen Schweigen und schallender Niedertracht versteckte. Im neuen Minsk herrschen nun schon seit Tagen Liebe und Freiheit.

Heute fürchte ich in erster Linie um die, die ich liebe. Morgen werde ich noch tausend andere Dinge fürchten, Myriaden von Ängsten kreisen um unsere Köpfe wie törichte Träume. Mögen wir den Faschismus endlich besiegen. Jeder trägt bei, was er kann. Bei uns und überall.

Irgendwann kehrt Minsk in einen Zustand der Normalität zurück. Eine Stadt ist ja nun mal Stadt, weil in ihr nicht nur die unterschiedlichsten Menschen leben, sondern auch Misstrauen, Habgier, Albträume, Dummköpfe, Probleme und das ganze alltägliche Durcheinander. Doch ich glaube daran, dass wir von Zeit zu Zeit in diesen Straßen unerwartet einem Schatten un-

aus dem Belarussischen von Tina Wünschmann

усьміхнемся адно аднаму: асаблівай, страшнай і прыгожай усьмешкай.

Дзякуй, мінулае, якое даўно вылечыла нас ад эўфарыі. Яе няма, і ўсё можа быць яшчэ больш жахліва. Дзякуй знойдзенай недзе ў горле першабытнай чуйцы, якая пакуль ратуе ў гэтым страшным і прыгожым горадзе. Дзякуй каханьню, якое робіць цуды. Дзякуй журналістам і мэдыкам, валянтэрам і мінакам, сьмелым і не, моцным і слабым, дзякуй жанчынам і мужчынам. Дзякуй вам, менчукі і мянчучкі.

14.08.2020

serer Selbst begegnen werden: Jener Selbst, die hier einst auf den Spuren der Freiheit und Wahrheit liefen und einander wortlos verstanden – und dann werden wir uns anlächeln: ein besonderes, furchtbares und wunderschönes Lächeln.

Danke, Vergangenheit, dass du uns schon vor langer Zeit von der Euphorie geheilt hast. Es gibt sie nicht, und alles kann noch viel Schlimmer werden. Danke für diesen irgendwo in der Kehle wiedergefundenen Urinstinkt, der uns in dieser furchtbaren und schönen Stadt errettet. Danke für die Liebe, die Wunder vollbringt. Danke den Journalisten und dem medizinischen Personal, den Freiwilligen und den Passanten, ob mutig oder nicht, ob stark oder schwach, danke, ihr Frauen und Männer. Ich danke euch, Minskerinnen und Minsker.

14.08.2020

ТАМАРА

ДОРОГА УДАРОВ

Нас задержали в районе полуночи с 11 на 12 августа около ТЦ «Рига». Там не было митинга – всего пару небольших компаний, как в вечер пятницы. Подруга живет поблизости, они с мужем пошли меня провожать.

Накануне, 10 августа, у меня под окнами автозаки и синие бусы хватали людей на улице, стреляли по людям. Каких-то ребят я у себя даже спрятала. В районе полуночи мне позвонила подруга: «Можно мы у тебя пересидим?» И я как была в пижаме и босиком выбегаю, держу дверь подъезда. Вижу, бежит она с мужем и следом еще человек 5–6, а за ними ОМОН. Кричу: «Сюда!» Как в фильмах. Они у меня сидели часов до пяти. Каждые две минуты ездили автозаки с синими бусиками и грузовик «Белпочта». По-моему, в нем стояли глушилки, потому что каждый раз ложился интернет.

11-го мы увидели автозаки, едущие по улице Куйбышева, и подумали, что это в сторону Зеленого луга. На всякий случай решили отойти подальше. В этот момент подъехал характерный синий «микрик», из него выскочили люди в черном. Почему-то в первую очередь ОМОН гнался за девушками.

Мы с подругой побежали к казино в «Риге», но они захлопнули дверь у нас перед носом. Тут подбежали ОМОНовцы и начали нас бить. Меня повалили на землю и кричали, чтобы я лежала. Я не помню точно, в какой момент меня ударили по колену. Кажется, меня сбили с ног этим ударом, но и когда я уже лежала на асфальте, меня били ногами в берцах. Помню резкую боль.

TAMARA

WEG DER SCHLÄGE

Wir wurden gegen Mitternacht vom 11. zum 12. August in der Nähe des Einkaufszentrums »Riga« festgenommen. Dort gab es keine Kundgebung, nur ein paar kleinere Grüppchen waren unterwegs, wie an einem Freitagabend. Eine Freundin wohnt in der Nähe, sie und ihr Mann wollten mich noch nach Hause bringen.

Am Vorabend, dem 10. August, konnte ich von meinem Fenster aus sehen, wie Gefangenentransporter und blaue Ketten von Milizeinheiten Menschen aufgriffen, wie auf Menschen geschossen wurde. Ein paar junge Leute versteckte ich sogar bei mir. Gegen Mitternacht rief eine Freundin an: »Können wir zu dir reinkommen?« Wie ich war, im Pyjama und barfuß, rannte ich runter und öffnete den Hauseingang. Ich sah meine Freundin und ihren Mann rennen, dahinter noch fünf bis sechs Leute, und dahinter die vom OMON. Ich schrie: »Hierher!« Wie im Film. Sie saßen bis fünf in der Früh bei mir. Alle zwei Minuten fuhren die Gefangenentransporter mit den blauen Menschen und ein Post-LKW vorbei. Ich glaube, dass darin Störsender waren, weil jedes Mal das Internet ausfiel.

Am 11. August sahen wir die Gefangenentransporter auf der Kujbyschew-Straße in Richtung Seljony Lug fahren. Zur Sicherheit beschlossen wir, uns so weit wie möglich fernzuhalten. In diesem Moment hielt ein typischer blauer Kleinbus und Typen in Schwarz sprangen heraus. Aus irgendeinem Grund stürzten sich die OMON-Leute zuerst auf die Frauen.

Meine Freundin und ich rannten zum Casino im »Riga«, aber dort wurde uns die Tür vor der Nase zugeschlagen. Schon waren die OMON-Typen da und begannen uns zu schlagen.

В этот момент мне звонили, и ОМОНовец вырвал из рук телефон. По звонкам удалось восстановить, что это произошло в 00:01. ОМОНовцы пинками погнали нас в сторону автозаков. Я не могла наступить на ногу. В сам автозак меня затаскивали за волосы.

Сперва там были только девчонки, потом стали кидать парней – прямо на пол, штабелями. ОМОНовцы били их ногами и дубинками. Били люто. Правда, одному парню, который крикнул, что астматик, оставили баллончик и давали подышать, так как руки у него были связаны за спиной. Все это сопровождалось постоянным матом, угрозами, оскорблениями и вопросами, сколько нам платят.

Вытряхивали сумки. Тех, у кого находили бинты, белые ленточки, снова били. У одного парня отобрали телефон и кинули им же в голову. Кричали: «Вы в нас камни кидаете, мрази!» Когда мы спрашивали, за что, нам кричали, что мы нарушили комендантский час (его не было), что мы все продались. Приговаривали: «Это вам за Тихановскую, раз не нравится жить при Лукашенко.» Им хорошо промывали мозги. Видно, когда человек врет, а когда верит в то, что говорит.

Был в углу один ОМОНовец помоложе, он с девочками пытался заигрывать и бил послабее. Когда те отморозки отворачивались или уходили, он не бил, но когда возвращались и начинали бить, бил тоже.

В какой-то момент в автозаке было почти пять слоев людей друг на друге. Девушкам позволили остаться на сидениях, но кричали, чтоб мы ставили ноги на мужчин. А если отказывались, начинали бить. Мужчин. Но ты, по крайней мере, не ходишь по ним, как эти.

Mich hatten sie zu Boden geworfen und schrien, ich solle liegenbleiben. Ich kann mich nicht mehr genau erinnern, wann sie mir gegen das Knie schlugen. Wahrscheinlich hat mich dieser Schlag zu Boden stürzen lassen, und als ich schon auf dem Asphalt lag, traten sie mich mit ihren Kampfstiefeln. Ich erinnere mich an den stechenden Schmerz.

In diesem Moment klingelte mein Telefon und ein OMON-Typ riss es mir aus der Hand. Anhand der Anrufliste konnte ich später nachvollziehen, dass es da 00:01 Uhr war. Die OMON-Typen trieben uns mit Tritten zum Gefangenentransporter. Ich konnte mit einem Bein nicht auftreten. In den Transporter zogen sie mich schließlich an den Haaren.

Zuerst waren wir nur Frauen, dann warfen sie auch junge Männer rein – direkt auf den Boden, stapelweise. Die OMON-Typen traten sie und schlugen mit Stöcken. Sie schlugen grausam zu. Zugegeben, einem Jungen, der rief, er sei Asthmatiker, ließen sie sein Spray und halfen ihm zu inhalieren, da seine Hände auf dem Rücken zusammengebunden waren. All das war begleitet von ständigem Fluchen, Drohungen, Beleidigungen und Fragen, wie viel man uns zahlt.

Unsere Handtaschen schütteten sie aus. Wenn sie weiße Armbänder oder Verbandstücher fanden, schlugen sie wieder zu. Einem jungen Mann nahmen sie das Mobiltelefon ab und schlugen es ihm gegen den Kopf. Dabei schrien sie: »Ihr schmeißt Steine auf uns, Drecksäcke«. Als wir fragten, warum das alles, schrien sie, wir hätten gegen die Sperrstunde verstoßen (die es gar nicht gab), dass wir uns alle verkauft hätten. Sie sagten: »Das habt ihr nun von Tichanowskaja, wenn es euch mit Lukaschenko nicht gefällt.« Denen haben sie ordentlich die Hirne gewaschen. Man sieht, ob jemand lügt, oder ob er glaubt, was er sagt.

Один ОМОНовец схватил парня с длинными волосами, спросил, почему он как баба. Кричал, что настоящий мужик должен быть гладко выбрит. Достал нож и начал срезать парню волосы, несколько раз специально порезав ему лицо. И ржал взахлеб.

Минск, 11.08.2020

In der Ecke saß ein etwas jüngerer OMON-Typ, der mit den Mädchen zu flirten versuchte und weniger stark zuschlug. Als die anderen Schweine weggingen oder sich abwendeten, schlug er nicht mehr, erst wenn sie wieder da waren und schlugen, schlug er auch.

Irgendwann lagen im Transporter fast fünf Schichten Menschen übereinander. Uns Frauen erlaubten sie, die Sitze zu nutzen, schrien uns aber an, dass wir die Füße auf den Jungs abstellen sollten. Wenn wir es nicht taten, fingen sie an zu schlagen – und zwar die Männer. Aber wenigstens mussten wir nicht über die Jungs laufen, wie die es taten.

Ein OMON-Typ schnappte sich einen jungen Mann mit langen Haaren und fragte ihn, warum er wie ein Weib aussehe. Ein echter Kerl muss glattrasiert sein, schrie er. Dann holte er ein Messer hervor und begann, dem Jungen die Haare abzuschneiden. Dabei schnitt er ihm absichtlich mehrfach ins Gesicht. Und grölte dabei wie ein Tier.

Minsk, 11.08.2020

Aus dem Russischen von Tina Wünschmann

ДМИТРИЙ СТРОЦЕВ

БЕЛОРУССКАЯ МЕДИТАЦИЯ

терпение

время работает на нас

единый ритм страны

вдох
выдох

вдох выдох

с драконом говорить нельзя
на языке насилия

на его языке

только психиатр

не убивать

только долгая жизнь

на ферме
на свиноферме

где цмок у себя
как дома

DMITRI STROZEW

BELARUSSISCHE MEDITATION

geduld

die zeit arbeitet für uns

der vereinte rhythmus des landes

einatmen
ausatmen

einatmen ausatmen

mit dem drachen darf man nicht
in der sprache der gewalt sprechen

in seiner sprache

nur der psychiater

nicht töten

nur ein langes leben

auf der farm
auf der schweinefarm

wo sich das ungeheuer
zuhause fühlt

Aus dem Russischen von Andreas Weihe

говорить с людьми

с чиновниками
с военными
с врачами

с людьми

говорить между собой
искать общий язык

новый

с доверием и надеждой
с любовью

дышать полной грудью
одной грудью

всей страной

вход выдох

вдох
выдох

время работает на нас

терпение

mit den menschen sprechen

mit den beamten
mit den militärs
mit den ärzten

mit den menschen

miteinander sprechen
eine gemeinsame sprache finden

eine neue

mit vertrauen und hoffnung
mit liebe

aus voller brust atmen
aus einer brust

das ganze land

einatmen ausatmen

einatmen
ausatmen

die zeit arbeitet für uns

geduld

ОЛЬГА РОМАНОВА

МЫ РАЗАМ

15 августа 2020 года. В городе праздник свободы: два дня никого не вяжут, временно растерялись после отказа беларусов попрятаться по домам после пыток и зашкаливающего насилия. Люди выходят в своих районах на улицу, гудят проезжающие мимо машины, им дружно кричат: Жыве Беларусь!

Мы тоже вышли на площадь рядом с домом. Здесь много людей, эйфория, взаимная поддержка, флаги и цветы. Какая-то пара подогнала свое авто, открыла двери и включила через колонки музыку. Люди вокруг подпевают – и Перемен, и Разбуры турмы муры, и шансон.

Я реагирую неадекватно и мне стыдно. Стою в черных очках среди радостных людей, из-под очков текут слезы. Чем больше сдерживаюсь, тем сильнее рвется наружу плач. Это, наверное, оттаивает шок предыдущих дней. Еще это телом прочувствованное понимание: сейчас беларусы демонстрируют лучшее, что в них есть. Каждый из нас здесь и сейчас воплощается как человек политический, наполненный ценностями и смыслами. Люди вокруг очень красивы. Это не толпа и не масса, это группа солидарных. И это раскрывшееся во всю мощь человеческое хочет задушить машина насилия – будто допотопная Годзилла выползла из беларусской дрыгвы и все крушит в ярости, разделяет нас и жует по одному. А вокруг нее прыгают странные существа и кричат: Так им и надо, фашистам!

OLGA ROMANOWA

MY RASAM – WIR HALTEN ZUSAMMEN!

15. August 2020. Ein Fest der Freiheit in der Stadt: Den zweiten Tag schon ziehen sie niemanden aus dem Verkehr und sind erst einmal ratlos, weil sich die Belarussen weigerten, nach den Folterungen und der überbordenden Gewalt zu Hause zu bleiben. Die Menschen gehen in ihren Bezirken auf die Straße, vorüberfahrende Autos hupen, die Leute rufen ihnen zu: »Schywe Belarus! Es lebe Belarus!«

Auch wir gehen hinaus auf den Platz in der Nähe unseres Hauses. Viele Menschen, Euphorie, gegenseitiges Bestärken, Fahnen und Blumen. Ein Pärchen fährt mit dem Auto vor, öffnet die Türen, aus den Lautsprechern dröhnt Musik. Die ringsum Stehenden stimmen in die Lieder ein: Veränderungen fordern unsere Herzen[1], Reiß die Gefängnismauern nieder[2] und in ein Chanson.

Ich reagiere übertrieben und das ist mir peinlich. Umgeben von fröhlichen Menschen stehe ich da, und unter meiner schwarzen Sonnenbrille kullern Tränen hervor. Je mehr ich versuche, mich zusammenzunehmen, desto stärker brechen die

1 Das Lied der sowjetischen Rockgruppe »Kino« rund um Viktor Zoi entstand Mitte der Achtzigerjahre und wurde zur Jugendhymne in der Perestroika-Zeit. In Belarus wird das Lied offiziell nicht mehr gespielt, seit es vor zehn Jahren bei Protestaktionen erklang. Im August 2020 erklang das Lied bei den Protesten erneut, die beiden dafür verantwortlichen DJs wurden zu 10 Tagen Haft verurteilt. (Anm. d. Ü.)

2 Mury (poln. für Mauern) von Jacek Kaczmarski war Ende der Siebzigerjahre eines der bekanntesten Lieder der Solidarność-Bewegung, die Melodie geht auf ein katalanisches Lied gegen die Franco-Diktatur zurück. 2020 wurde der Text von Andrej Chadanowitsch umgedichtet und Sjarhej Zichanouski nahm das Lied mit bekannten Musikern auf. Das Lied wurde zur Hymne während des Präsidentschaftswahlkampfs seiner Frau Swjetlana Tichanouskaja. (Anm. d. Ü.)

Мы стоим в цепи вдоль дороги. Мимо идет местный алкоголик и бомж – в руках у него гвоздика, он улыбается, машет руками гудящим. Нарядная бабушка бегает среди людей с пластиковым пакетом, раздает пирожки. Позади меня стоят три мужика с натруженными лицами, первый оглушительно свистит.

– Пить хочу, – хрипит второй.

– Че, выпить?

– Нет, пить.

– Да не, надо выпить!

– Пить хочу.

Достаю из рюкзака свою бутылку воды, протягиваю ему.

– Вот они, беларусы! – гордо говорит третий.

– Дай бог вам здоровья, – готов обнять меня тот, кто напился воды.

Emotionen aus mir heraus. Der Schock der letzten Tage scheint jetzt nachzulassen. Obendrein spüre ich mit jeder Faser meines Körpers: Jetzt zeigen die Belarussen ihr Bestes. Jeder und jede einzelne von uns entfaltet sich hier und jetzt zum politischen Menschen, erfüllt von Ideen und Werten. Die Menschen ringsum sind sehr schön. Das ist keine Menge, keine Masse, das ist eine Ansammlung solidarischer Menschen. Und eben dieses Menschliche, das sich hier mit Nachdruck offenbart hat, will die Maschinerie der Gewalt ersticken, wie ein vorsintflutlicher Godzilla, der aus dem belarussischen Sumpf hervorgekrochen ist und nun wutentbrannt alles zerschmettert, uns voneinander isoliert und jeden einzeln verspeist. Um Godzilla herum hüpfen seltsame Wesen und schreien: »Recht geschieht es ihnen, diesen Faschisten!«

Wir stehen in einer Menschenkette, die die ganze Straße entlang reicht. Ein obdachloser Alkoholiker geht vorüber, eine Nelke in der Hand, er lächelt und winkt den Hupenden zu. Eine elegant gekleidete alte Dame wieselt zwischen den Menschen umher und verteilt Piroggen. Hinter mir stehen drei Männer, ihre Gesichter sind von harter Arbeit gezeichnet, einer von ihnen pfeift extrem laut.

»Ich will was trinken«, sagt der andere heiser.

»Was, du willst darauf trinken?«

»Nein, trinken will ich was.«

»Ach was, das ist ein Grund zum Trinken.«

»Ich will was trinken.«

Ich hole meine Wasserflasche aus dem Rucksack und reiche sie ihm.

»So sind sie, die Belarussen«, sagt der Dritte stolz.

»Gott schenke Ihnen Gesundheit!«

Der seinen Durst gelöscht hat, fällt mir beinahe um den Hals.

ЕВА К.

ДРУЗЬЯ, ДАВАЙТЕ О ХОРОШЕМ!

Предлагаю здесь и сейчас вместе вспомнить все трогательные и добрые моменты, которые, как ростки сквозь асфальт, пробивались все эти дни через кромешный ад происходящего.

Начну со свежего.

Вчера, спасаясь от ссыкловиков, многие вынужденно прыгнули с моста в реку. В тот же момент к ним на помощь пришел прекрасный минский ОСВОД. Ребята не только всех вытащили и укутали пледами, но и перевезли на дальний от нелюдей берег. Да, сегодня ОСВОДовцы предсказуемо в СИЗО. Но то, что они сделали, бесценно! Спасибо вам, дорогие!

Опять же вчера банда представителей слабовых структур разбила дверь кафе на Немиге, где пытались укрыть от задержания мирных демонстрантов. Сегодня еще до открытия, несмотря на дождь, перед входом в кафе уже стояла внушительная очередь из посетителей. Да, стекло уже восстановлено! Спасибо вам, дорогие!

МЧС продолжает радовать! В одном районе представитель службы спасения, подчиняясь приказу, снял флаг с многоэтажного здания и в последний момент, вместо того, чтобы отдать его людям в черном, под благодарные аплодисменты передал флаг жильцам! Другой спасатель, поднявшись на

EVA K.

UND JETZT DAS GUTE!

Ich schlage vor, dass wir uns hier und jetzt gemeinsam an all die berührenden und guten Momente erinnern, die sich an all diesen Tagen durch den Asphalt ihren Weg durch die absolute Hölle der Ereignisse bahnten wie Pflanzentriebe.

Ich beginne mit dem Neuesten.

Auf der Flucht vor den Sicherheitskräften waren gestern viele Menschen gezwungen, von der Brücke in den Fluss zu springen. Im selben Augenblick kam ihnen der wunderbare Minsker Wasserrettungsdienst zu Hilfe. Die Jungs haben nicht nur alle aus dem Wasser geholt und in Decken gewickelt, sondern sie auch zum anderen Ufer gebracht, weg , von den Unmenschen. Und ja, heute sind die Lebensretter vermutlich in Untersuchungshaft. Doch was sie getan haben, ist unbezahlbar! Vielen Dank, ihr Lieben!

Ebenfalls gestern zerschlugen die Sicherheitskräfte die Glastür eines Cafés an der Nemiga, in dem man friedliche Demonstranten vor der Festnahme zu verstecken versuchte. Trotz des Regens und noch vor Öffnung bildete sich heute eine beeindruckende Besucherschlange vor dem Café. Und ja, das Glas ist schon ersetzt! Vielen Dank, ihr Lieben!

Die Rettungsdienste lieferten noch mehr Grund zur Freude! In einem Minsker Stadtteil nahm einer ihrer Mitarbeiter befehlsgemäß eine Fahne von einem Plattenbau herunter, aber anstatt

высоту, не снял флаг, а бережно, по-отечески, расправил его, после чего спустился вниз. Наверняка оба уже в СИЗО. Спасибо вам, дорогие!

Спасибо до земли космической Нине Багинской, которая заслуженно стала символом борьбы с несправедливостью, символом честности и отваги. «Когда старики выходят на улицы, молодых меньше бьют!» – говорит она, гордо неся над головой флаг, сшитый собственными слабыми руками. Маленькая, хрупкая бабушка – никогда не видела никого сильнее! Спасибо Вам бесконечное, дорогая!

Спасибо девочкам, укрывающим своими телами избитых ребят, чтобы их успокоить (вчера на Немиге) и становящихся цепью на защиту всех, кому достается в первую очередь (повсюду и каждый день). Скольких они уже «отбили» у бравых ХАМОНовцев, не сосчитать! Спасибо вам, дорогие!

Спасибо всем и каждому, кто все это время привозил воду, кофе, конфетки, котлетки и прочие драники – митингующим, бастующим, #ягуляющим... Спасибо вам, дорогие!

Спасибо до неба каждому, кто помогал жертвам Окрестино, Жодино и других мест ужаса. Волонтерам, которые отыскивали пропавших без вести. Психологам, принявшим на себя их чудовищную боль и страх... Тем, кто покупал и передавал для них лекарства, воду, теплые вещи... Тем, кто выстраивался в очередь, чтобы подвезти людей из ада – домой, днем и ночью. Их невероятное количество!!! Спасибо вам, дорогие!

sie den Männern in Schwarz zu übergeben, reichte er die Fahne im letzten Moment unter dankendem Applaus den Hausbewohnern! Ein anderer Retter, der hochgeklettert war, nahm die Fahne nicht ab, sondern entfaltete sie behutsam, ja fürsorglich, und stieg dann wieder herunter. Sicherlich sind die beiden bereits in U-Haft. Vielen Dank, ihr Lieben!

Tiefsten Dank an die großartige Nina Baginskaja[1], die verdientermaßen zum Symbol des Kampfes gegen die Ungerechtigkeit wurde, zum Symbol der Ehrlichkeit und des Mutes. »Wenn alte Leute auf die Straße gehen, werden die Jungen weniger verprügelt«, sagt sie, während sie stolz eine mit ihren eigenen schwachen Händen genähte Flagge über dem Kopf trägt. Eine kleine, gebrechliche Großmutter – ich habe noch nie einen stärkeren Menschen gesehen! Unendlich vielen Dank, meine Liebe!

Danke an die Mädels, die die niedergeprügelten Jungs mit ihren Körpern bedeckten, um sie zu beruhigen (gestern am Nemiga), und sich in Menschenketten aufstellten zum Schutz all jener, die die Gewalt als Erste zu spüren bekommen (überall und jeden Tag). Unzählige haben sie den braven OMON-Polizisten schon »weggeschnappt«! Danke, ihr Lieben!

Danke an alle und jeden einzelnen, der die Protestierenden, die Streikenden, die #Ichgehespazierenden mit Wasser, Kaffee, Süßigkeiten, Frikadellen und Kartoffelpuffer versorgte … Danke, ihr Lieben!

---

1 Jelena Gnauk wird oft die Nina Baginskaja von Brest genannt. Jelena Gnauk, Aktivistin und Rentnerin aus der Nähe von Brest, wurde aufgrund ihrer unermüdlichen Demonstrationen gegen das Regime bereits mehrfach vor Gericht gestellt. Sie lässt sich jedoch nicht einschüchtern.

Спасибо тем, кто оставлял в подъездах цветы с записочкой «Девочкам, которые идут на митинг». Не всегда удавалось купить цветы. Кто-то бежал прямо с работы. А на моем бульваре, например, один-единственный цветочный магазин в первое же воскресенье после выборов был завешен табличкой: «Магазин не работает. Все ушли на марш!». Спасибо вам, дорогие!

Спасибо всем и каждому, кто делал хоть что-нибудь! Ведь не бывает маленькой помощи!!! Но есть безразличие, черствость и безучастие... Но Бог им судья! А вам – спасибо, дорогие!

Когда бы хорошо ни закончилась вся эта история, мы уже никогда не будем прежними. Мы – каждый – стали гораздо лучше. Чище. Добрее. Смелее. Да, страшной ценой... Но какую же красивую и единую нацию из нас сделали! Как ашчушчэния? У меня невероятные!

А «беларусы_вы_невероятные» пора уже писать в одно слово!!!

И спасибо всем организаторам и координаторам, которых не было! Особенно за деньги, которые никто никому не платил! Как иначе мы бы почувствовали себя таким САМО-организованным и бескорыстным обществом! Жыве Беларусь!

7 сентября 2020 года

Einen Riesendank an jeden, der den Opfern von Okrestino (Untersuchungsgefängnis), Schodino (Gefängnis in Schodino) und anderen Orten des Grauens Hilfe leistete. An die Freiwilligen, die nach den Vermissten suchten. An Psychologen, die deren ungeheuerlichen Schmerz und Angst auf sich nahmen ... An die, die Medikamente, Wasser, warme Kleidung für sie kauften und an sie verteilten ... An diejenigen, die Tag und Nacht anstanden, um die Menschen aus der Hölle nach Hause zu bringen. Es gibt unglaublich viele von ihnen!!! Danke ihr Lieben!

Danke an diejenigen, die Blumen in Hauseingänge legten mit der Notiz: »Für die Mädchen, die zur Kundgebung gehen.« Denn nicht jede schaffte es immer, sich selbst die Blumen zu besorgen. Manche eilten direkt von der Arbeit zum Protest. Und an dem einzigen Blumenladen in meiner Straße zum Beispiel hing am ersten Sonntag nach der Wahl das Schild: »Der Laden ist geschlossen. Alle sind beim Protestmarsch!«. Danke ihr Lieben!

Danke an alle, die sich irgendwie beteiligten! Keine Hilfe ist zu gering! Aber es gibt Gleichgültigkeit, Abgestumpftheit und Ignoranz ... Nur Gott ist ihr Richter! Und euch, ihr Lieben, vielen Dank!

Wann immer diese Geschichte zu Ende sein wird, wir werden nie wieder so sein wie früher. Wir sind bessere Menschen geworden, jeder einzelne von uns. Reiner. Gutherziger. Mutiger. Ja, zu einem schrecklichen Preis ... Aber was für eine schöne und geeinte Nation sie aus uns gemacht haben!

Und »Belarussen_ihr_seid_unglaublich« sollte längst in einem Wort geschrieben werden.

Und danke an alle Organisatoren und Koordinatoren, die es nicht gegeben hat! Vor allem für das Geld, das keiner jemandem bezahlt hat! Wie sonst hätten wir uns als solch eine SELBST-organisierte und SELBSTlose Gemeinschaft empfinden können! Es lebe Belarus!

7. September 2020

Aus dem Russischen von Vlada Philipp

ВОЛЬГА ГАПЕЕВА

НЯПРОСТАЯ АРЫФМЕТЫКА

тыя каму сёння за восемдзесят
памятаюць як па начох раптам знікалі суседзі
сваякі рабіліся ворагамі народу
– людзі з няправільнымі прозвішчамі
небяспечнымі ідэямі
шкоднымі кніжкамі
і ня тымі мовамі
і амаль у кожнага ў доме жыў малы гадаванец
па мянушцы strach

тыя каму сёння за шэсцьдзесят
памятаюць як з чорна-белых экранаў
распавядалі пра краіну дзе яны жылі
дзе можна было шмат чаго
можна было любіць урад і захапляцца спортам
можна было шанаваць гісторыю сапраўдную з часоў новай улады
можна было маўчаць
можна было не думаць
і канешне можна было не пакідаць межы краіны, гораду і кватэры

бо дзяржава заўсёды праявіць клопат
будзе чытаць газеты і кніжкі, выкрэсліваючы з іх шкодныя словы
складзе спіс небяспечных прафесій
каб не дай божа не былі жанчыны

VOLHA HAPEYEVA

SCHWIERIGE ARITHMETIK

diejenigen, die heute über achtzig sind
erinnern sie sich noch daran, wie des nachts die nachbarn
plötzlich verschwanden
verwandte zu volksfeinden wurden
– personen mit falschen nachnamen
gefährlichen ideen
schädlichen büchern
die nicht die richtigen sprachen sprachen
wie fast jeder im haus ein kleines haustier hatte
mit dem spitznamen angst

diejenigen, die heute über sechzig sind
erinnern sie sich, wie ihnen von den schwarzweißbildschirmen
von dem land erzählt wurde, in dem sie lebten
wo so viel getan werden konnte
man konnte die regierung lieben und den sport mögen
man konnte die wahre geschichte schätzen, solange sie der zeit
der neuen machthaber entstammte
man konnte schweigen
man konnte nichtdenken
und natürlich konnte man die grenzen des landes, der stadt
und der wohnung nicht verlassen

denn der staat wird sich immer um die menschen kümmern
liest zeitungen und bücher und löscht schädliche wörter aus ihnen
stellt eine liste gefährlicher berufe auf
gott bewahre, dass es diese für frauen gab

Aus dem Belarussischen von Matthias Göritz

цеслярамі вадалазамі або мулярамі
увядзе смяротнае пакаранне
адашле незадаволеных куды падалей
праца на свежым паветры сярод стэпаў мацуе характар

тыя каму сёння пад сорак
трыццаць год таму яшчэ чыталі казкі і можа быць верылі
дабро пераможа
але што дабро для аднаго – гора для іншага
і вось яны дзе вочы панясуць трапляюць у загадкавы лес
там баба яга і кашчэй бессмяротны не пераносяць духу
жывога
хатка на курыных ножках
зачараваныя зверы якія некалі былі людзьмі

у гэтым лесе гадуецца strach
той самы што потым жыве па дамах і кватэрах
у гэтым лесе так лёгка згубіцца забыцца
і стоячы перад валуном на скрыжаванні выбраць дарогу
што станецца лабірынтам і праз трыццаць год
зноў прывядзе туды дзе валун

і тыя каму сёння пад сорак здзівяцца
як змянілася наваколле
налева пойдзеш – кветкі буяюць
направа павернеш – не злічыць галасоў птушак
і толькі іхняя дарога – стужка мёбіюса

тут па-ранейшаму
можна любіць урад і захапляцца спортам
можна шанаваць гісторыю з часоў апошняй вайны

tischler taucher oder maurer
der staat führt die todesstrafe ein
schickt die unzufriedenen fort
die arbeit an der frischen luft in der steppe stärkt den charakter

diejenigen, die heute unter vierzig sind[1]
lasen vor dreißig jahren noch märchen und glaubten vielleicht
das gute würde siegen
doch das, was gut für den einen ist, schafft trauer bei dem
anderen
und mit der weganweisung immer der nase nach, gerät man in
einen geheimnisvollen wald
dort ist der Baba Jaga[2] und dem Koschtschei[3]
der geruch der lebendenden zuwider
dort gibt es ein hüttchen auf hühnerbeinchen
verzauberte tiere, die einst menschen waren

---

1 Nach seiner Unabhängigkeit von der Sowjetunion im Jahr 1991 hatte die Republik Belarus die historische weiß-rot-weiße Staatsfahne und das Wappen »Pahonja« (ein schwertschwingender Ritter auf dem Pferd) als seine Embleme gewählt. Das Jahr 1995 gilt als Wendepunkt der Belarussischen Bestrebung nach einem unabhängigen Staat. Am 14. Mai 1995 fand auf Initiative von A. Lukaschenka das erste Referendum in der Geschichte des souveränen Staates Belarus statt. Nach den umstrittenen Ergebnissen dieses Referendums wurde der russischen Sprache der Status der Amtssprache zugesprochen – die vorher einzig das Belarussische war. Die Staatssymbole wurden in alte pro-sowjetische geändert, der Präsident erhielt das Recht, das Parlament aufzulösen. Seitdem sind der streitende Ritter auf dem Pferd und die weiß-rot-weiße Flagge zu Symbolen der Opposition geworden.

2 Die Baba Jaga ist eine Gestalt der slawischen Mythologie. Sie tritt meist als alte, dürre Frau in Erscheinung, die im Wald lebt und über Zauberkräfte verfügt. Sie isst Menschen und wohnt in einer Hütte, die auf Hühnerbeinen steht.

3 Der Koschtschei – auch Koschtschei, der Ewige, der Todeslose, der Unsterbliche – ist eine mit magischen Kräften ausgestattete Figur, die in vielen slawischen Märchen vorkommt. Er ist vom Wesen her böse und hat die Gestalt eines knochigen alten Mannes, der junge Mädchen bedroht und gefangen hält. Er bezieht seine Stärke daraus, dass seine Seele nicht in seinem Körper wohnt.

можна маўчаць
можна не думаць
і можна не пакідаць межы краіны, гораду і кватэры
бо толькі дзяржава праявіць клопат
таму яна
не перастане правяраць газэты і кніжкі
не адменіць спіс шкодных прафесій
не скасуе смяротнага пакарання
і гэтак жа будзе лекаваць нязгодных звозячы іх на шпацыр
у лес

у граматыцы гэтай краіны
усяго два лады
нехта абірае для жыцця ўмоўны
нехта – загадны

на вуліцах гэтай краіны няма бяздомных людзей і сабакаў
няма гандляроў і пікетаў
чысціня і парадак
цешуцца замежнікі
ганарацца мясцовыя
быццам не заўважаючы, як людзі ў форме закідваюць у
цягнік бадзягу

гэтая чысціня – беспаветраная прастора
дзе нічога жывога
дзе адно
ЧЫСЦІНЯ і STRACH
што спыніў гадзіннік на лічбах 19:95
і пакуль на мапах змяняліся контуры
знікалі дзяржавы і з'яўляліся новыя

in diesem wald wächst angst
die gleiche, die später in häusern und wohnungen lebt
in diesem wald ist es so leicht, sich zu verirren, zu verlieren
vor einem fels an einer kreuzung zu stehen und einen weg zu
wählen
der dann zum labyrinth wird
und in dreißig jahren wieder zurück führt zum fels

und diejenigen, die heute unter vierzig sind, werden überrascht
sein
wie sich die nachbarschaft verändert hat
geht man nach links – zahlreiche blumen
geht man nach rechts – unzählige vogelstimmen
und dieser weg – ist eine moebiusschleife
hier kann man
immer noch die regierung lieben und den sport mögen
man kann die geschichte aus der zeit des großen krieges
schätzen
man kann schweigen
man kann nichtdenken
und die grenzen des landes, der stadt und der wohnung nicht
verlassen
denn nur der staat sorgt sich ja richtig um einen
also
hört er nicht auf, zeitungen und bücher zu überprüfen
er löscht die liste der schädlichen berufe nicht
er schafft die todesstrafe nicht ab
und behandelt andersdenkende, indem er sie zu einem
spaziergang mit in den wald nimmt

на палях менела матылькоў

палёт парушынкі адлегласцю ў трыццаць год
хто прыгадае

in der grammatik dieses landes
gibt es nur zwei modi
manche entscheiden sich für den konditional
andere für den imperativ

es gibt keine obdachlosen und hunde auf den straßen
dieses landes
keine händler und streikposten
nur sauberkeit und ordnung
die ausländer sind glücklich
die einheimischen stolz
als würde man nicht merken, wie leute in uniform
den vagabunden in den waggon werfen

diese sauberkeit ist ein luftloser raum
wo nichts lebt
wo es nichts gibt als
SAUBERKEIT und ANGST
die die uhr anhielt um 19:95

und während auf den karten umrisse geändert wurden
staaten verschwanden und neue erschienen
wurden auf den feldern die schmetterlinge weniger

der flug eines staubkorns auf einer strecke von dreißig jahren
wer erinnert sich daran

ВОЛЬГА ГАПЕЕВА

ЧЫТАЙМА ВЕРШЫ

паэзія
нагадвае нам пра тое
што значыцца быць
чалавекам

яна робіць нас адкрытымі
а значыцца – моцнымі

ніхто не зможа адняць у нас
слова

ніхто не зможа адабраць у нас
нашу паэзію

VOLHA HAPEYEVA

LESEN WIR GEDICHTE

poesie
erinnert uns daran
was das heißt
menschsein

sie macht uns offen
und damit stark

das wort
kann niemand uns entziehen

unsere poesie
kann niemand uns nehmen

Aus dem Belarussischen von Thomas Weiler

ТАТЬЯНА БОЙКО

ЭТО ТАК СТРАННО – ПОЗДОРОВАТЬСЯ С ПОСТОРОННИМ

Когда-то я мечтала уехать из страны. Уехать к морю, у берегов которого я встречала улыбчивых, смеющихся, излучающих веселье людей. Возвращаясь на родину, я наблюдала все с точностью наоборот. Мне казалось, что секрет жизнелюбия заключается исключительно в солнце и морской воде. Я страстно мечтала вырваться из белорусского болота, в котором хмурость и серость побеждала улыбку. Попробуй расхохотаться прямо на улице – и тут же прилетал осуждающий взгляд. Чтобы мимикрировать под нормального, нужно было жить со скорбью, с продольными морщинами на лбу.

Прошло много лет, и вот сейчас, в 2020 году, я поздоровалась. С совершенно незнакомым мне человеком. Не знаю, как так получилось. Я улыбнулась, и мне улыбнулись в ответ. Это было так чудесно, что мне непременно захотелось обнять этого человека. Но я удержалась от соблазна и повторила: «Здраствуйте!»

– Здравствуйте, – ответил мне мужчина. – Как дела?

Как дела, спрашивает. Понимаете? Посторонний мужчина у посторонней женщины спрашивает «как дела». Посреди снующих покупателей в строительном магазине. Посреди оголенного нерва, страха, ненависти, злобы, зависти, равнодушия, трусости, жизней напоказ в инстаграмм, предательств,

TATJANA BOIKO

WIE SELTSAM, MIT EINEM FREMDEN MENSCHEN EINEN GRUSS AUSZUTAUSCHEN!

Mein Traum war es einmal, das Land zu verlassen. Fortzugehen ans Meer, an dessen Stränden mir fröhliche, lachende, gut gelaunte Menschen begegnet waren. Wieder in der Heimat, beobachtete ich überall genau das Gegenteil. Das Geheimnis der Lebensfreude lag, so schien es mir, ausschließlich in Sonne und Meer. Ich war wie besessen von dem Wunsch, aus dem belarussischen Sumpf auszubrechen, in dem Trübseligkeit und Übellaunigkeit jedes Lächeln zunichte machten. Man brauchte ja auf der Straße nur einmal laut zu lachen, schon erntete man strafende Blicke. Wer nicht auffallen wollte, hatte Trauer und lange Kummerfalten im Gesicht zu tragen.

Die Jahre gingen dahin, und 2020 wechselte ich auf einmal einen Gruß, und zwar mit einem mir völlig unbekannten Menschen. Ich kann gar nicht sagen, wie es dazu kam. Ich lächelte und erhielt ein Lächeln zurück. So wunderbar war das, ich hätte diesen Menschen am liebsten sogleich umarmt. Doch ich widerstand der Versuchung und sagte: »Guten Tag!«

»Guten Tag«, erwiderte der Mann. »Wie geht's?«

Er fragt, wie es geht! Wissen Sie, was das bedeutet? Ein wildfremder Mann fragt eine wildfremde Frau, wie es geht! In einem Baumarkt, zwischen eilig hin und her wuselnden Kunden. Inmitten von blankliegenden Nerven, Ängsten, Hass, Wut, Neid,

Aus dem Russischen von Christine Hengevoß

унижений, малодушия – на глобусе происходит миллион зла в минуту, но в одной стране прямо сейчас этому злу противостоит простое «здравствуйте» двух абсолютно чужих людей.

В какой еще другой стране вы услышите от прохожего: «Как ты, друг?» В какой ещё другой стране, где царит беспредел и хаос, может распускать свои белые крылья птица любви? Любви к правде и правам, любви к появлению Человека внутри себя, любви к справедливости и к своему детству, в котором ты точно знал, что добро рано или поздно победит, стоит только еще немножко продержаться…

Сейчас в Беларуси проходят документальные съемки страшного кино. Беларусов уничтожают, их пытаются подровнять под линеечку с помощью самых изощренных пыток. Стоит только заглянуть в google, чтобы понять чрезвычайный уровень насилия и жестокости. Но всемирная паутина не покажет вот этого «как дела». Не покажет мощности беларусов, смелости, участия, честности и чистоты.

Однажды я узнала про смерть отца. Мне было девять лет. В тот вечер я заболела. Жар не сбивался, я спала. Мне приснилось, что отец пришел. Взял меня за руку и повел в поле. В поле, на котором я пастила коров со старшим братом. Поле, которое я знала вдоль и поперек. Спрашиваю у папы: «Мы куда идем?» А он мне отвечает: «К ручью». Я иду и не понимаю, какой ручей, здесь нет ничего. А может, папа имеет в виду вот эту пересохшую канаву? Или ручей – это канава пересохшая, та, что за дубом? Смотрю на отца, а он, будто читая мысли, качает головой. И действительно. Вскоре перед

Gleichgültigkeit, Feigheit, auf Instagram zur Schau gestelltem Leben, Verrat, Demütigungen und Resignation geschehen auf der Erdkugel in jedem Augenblick Tausende und Abertausende schlimmer Dinge, aber in diesem einem Land tritt dem Übel ein einfaches »Guten Tag« zweier wildfremder Menschen entgegen.

Ob es wohl noch ein Land gibt, wo man von einem Vorübergehenden gefragt wird: »Wie geht es dir, Freund?« In welchem von Willkür und Chaos beherrschten Land kann der Vogel der Liebe sonst noch seine weißen Flügel entfalten? Die Liebe zu Wahrheit und Persönlichkeitsrechten, zu dem Menschen tief in einem selbst, die Liebe zu Gerechtigkeit und zur eigenen Kindheit, in der man genau wusste, dass das Gute früher oder später siegen würde – diese Liebe muss nur noch ein wenig durchhalten.

In Belarus werden zur Zeit Dokumentaraufnahmen für Horrorfilme gedreht. Belarussen werden vernichtet, es wird versucht, sie mithilfe raffiniertester Foltermethoden »auf Linie« zu bringen. Man braucht nur ein wenig zu googeln, um das enorme Ausmaß der Gewalt und Grausamkeit zu begreifen. Was das weltweite Netz aber nicht zeigt, ist dieses »Wie geht's?«. Es zeigt nicht die Stärke der Belarussen, ihren Mut, ihre Anteilnahme, Ehrlichkeit und Reinheit.

Eines Tages, ich war neun Jahre alt, erfuhr ich, dass mein Vater gestorben sei. An jenem Abend wurde ich krank. Das Fieber ließ nicht nach, und ich schlief. Ich träumte, mein Vater sei gekommen. Er nahm mich im Traum an die Hand und führte mich auf ein Feld. Genauer gesagt, auf die Weide, auf der ich mit meinem älteren Bruder die Kühe hütete, und die ich in- und auswendig kannte. Wohin gehen wir, Papa, fragte ich ihn. Er aber sagte,

нами зажурчал ручей. С невероятно ледяной водой, в которой купалось рыжее солнце, превращая этот холод во что-то совсем нестрашное. Отец набирал пригоршни воды и обдавал меня с ног до головы. А после проводил меня до хаты со словами: «Просыпайся, ты здорова».

Позже я спрашивала маму, знает ли она про этот ручей в поле. Мать уверенно говорила, что нет такого. Но спустя некоторое время я нашла его. Туда не водили коров, туда не ходили за ягодами и грибами. Но я полезла и увидела ручей из сна. Вода была действительно холодной и очень вкусной. Пьешь и невозможно напиться. Если меня спросить, что я выберу: море или ручей? – то я выберу последнее. Мне почему-то этот ручей напоминает новую Беларусь, которую, однажды познав, невозможно забыть.

– Держимся, – отвечаю я парню в красной майке и белой медицинской маске. – А вы как?
– Мы тоже бодримся, – смеется незнакомец мне, чужому человеку. И в эти минуты меня не покидает ощущение, что я стою у прекрасного ручья, красивого и могучего, чью воду обязательно приедут пробовать люди со всего глобуса. В ближайшем будущем. Совсем скоро взлетит наша белая птица, взмахнет свободными крыльями. Зло не продержится, потому что Бог против. И тот, который «Отче наш», и тот Бог, который в нас.

Сегодня на улице задержали девушку с бело-красным-белым флагом. Когда ее задерживали – подул сильный ветер, и флаг упал на ноги бандиту. Тот топтался на месте, не в силах шагнуть, флаг развевался и путал ноги. Чувствуете

zum Bach. Ich gehe und begreife nicht: zu welchem Bach, hier gibt es keinen Bach. Ob Papa vielleicht diesen ausgetrockneten Graben hier meint? oder jenen hinter der Eiche? Ich sehe Papa an, er aber scheint meine Gedanken zu lesen, schüttelt den Kopf. Und tatsächlich: kurz darauf beginnt vor uns ein Bach zu plätschern. In dem unglaublich kalten Wasser badet die orangefarbene Sonne und verwandelt die Kälte in etwas überhaupt nicht Schreckliches. Papa schöpft mit den Händen Wasser und übergießt mich von Kopf bis Fuß. Danach führte er mich zu unserer Kate und sagte: Wach auf, du bist gesund.

Später fragte ich Mama, ob sie von jenem Bach auf der Weide wisse. Mama war überzeugt, dass es so einen Bach dort nicht gibt. Einige Zeit später jedoch fand ich ihn, an einer Stelle, wo keine Kühe liefen, und wo wir auch nie Beeren und Pilze gesucht hatten. Ich spürte sie auf und erblickte den Bach aus meinem Traum. Das Wasser war wirklich kalt und schmeckte hervorragend. Man kann gar nicht genug davon bekommen. Wenn ich die Wahl hätte zwischen einem Meer und einem Bach, würde ich letzteren wählen. Irgendwie erinnert mich dieser Bach an das neue Belarus, das man, hat man es einmal kennengelernt, nicht wieder vergessen kann.

»Wir geben nicht auf«, antworte ich dem Burschen im roten T-Shirt und weißen Mundschutz. »Und ihr?«

»Wir halten uns auch«, lacht der Unbekannte mir, einem fremden Menschen, zu. In solchen Momenten habe ich stets das Gefühl, dass ich an einem wunderbaren Bach stehe, mächtig und schön, und dass Menschen aus aller Welt unbedingt hierher kommen werden, um dieses Wasser zu trinken. Und zwar bald.

знак? Это Бог говорит, что он против. Против, чтобы Беларусь вели в милицейский автобус.

Когда добро поднимается во весь рост, зло всегда вжимает голову в плечи. Рано или поздно. Стоит только еще немножко продержаться. И тогда мы одним двором пойдем к другому здороваться, хлопать по спине и спрашивать «Как дела?» и громко смеяться. Из нашей памяти уйдет страх любить, улетучится неловкость улыбнуться в общественном транспорте просто так, исчезнет боязнь подпеть наушникам в ушах и появится свобода в ногах: хочешь танцевать – танцуй прямо здесь посреди улицы! Мы передадим нашим детям в наследство лучших нас, они повторят лучших себя и передадут это дальше по роду своему. Наша генетическая память вычеркнет рабство и уступит место белой птице.

И больше не будет казаться странным здороваться с посторонним. Потому что мы все родные, а не чужие. Потому что держались вместе и несмотря на оглушающие новости продолжали бодриться. Потому что, идя на работу, мы надевали красную майку и белую медицинскую маску, хоть как-то демонстрируя наш национальный флаг.

– Все будет хорошо, – искрится глазами Тихомир, сотрудник строительного магазина.

– Жыве Беларусь, – решил так попрощаться мой сын, сидя у меня на руках.

Тихомир хохочет: – Обязательно жыве!

Schon sehr, sehr bald wird unser weißer Vogel auffliegen und die freien Flügel ausbreiten. Das Übel wird sich nicht halten, weil Gott es nicht will. Weder »Vater unser« noch jener Gott, der in uns ist.

Auf der Straße haben sie heute ein junges Mädchen mit einer weiß-rot-weißen Fahne festgenommen. Während der Festnahme kam ein kräftiger Wind auf und wehte die Fahne einem der Banditen auf die Füße. Der konnte nur noch auf der Stelle trippeln, keinen Schritt mehr machen, die Fahne hatte sich aufgebauscht und um seine Füße gewickelt. Erkennt ihr das Zeichen? Es ist Gott, der uns sagt, wie sehr er dagegen ist. Er ist dagegen, dass man Belarus abführt in eine grüne Minna.

Wenn das Gute sich zur vollen Größe erhebt, zieht das Übel früher oder später immer den Kopf ein. Wir müssen nur standhaft bleiben. Und dann gehen alle von einem Hof zum Nachbarhof, alle werden sich besuchen, um guten Tag zu sagen, einander auf die Schulter zu klopfen und zu fragen: »Wie geht's?«, und um laut miteinander zu lachen. Die Angst zu lieben wird aus unseren Köpfen verschwinden, alle Hemmungen werden sich verflüchtigen: Wir werden uns im öffentlichen Nahverkehr anlächeln, einfach so, werden nicht mehr befürchten müssen, dass wir den falschen Leuten die falschen Dinge erzählen, und auch unsere Füße werden frei sein: Ist dir nach Tanzen zumute, dann tanz doch, gleich hier, mitten auf der Straße! Unseren Kindern werden wir das Beste von uns vererben, sie werden es leben und weitergeben an ihre Kinder, und unser genetisches Gedächtnis wird das Sklaventum ausstreichen und stattdessen den weißen Vogel in sich aufnehmen.

Говорит, это удивительно – дети с нами. Разве такое когда-нибудь было, что дети с нами?! А раз с нами дети, то обязательно победим. И смеется. И я смеюсь. И ребенок начинает смеяться.

Что ж это такое, – говорит Тихомир, – хочется смеяться и так хочется жить.

А раз нам хочется смеяться, то мы обязательно будем жить.

Обязательно.

Непременно.

Будем жить.

И точка.

Es wird uns nicht mehr seltsam erscheinen, Fremde zu grüßen. Schließlich sind wir alle eine Familie, keine Fremden, denn wir haben miteinander durchgehalten und trotz aller bedrückenden Nachrichten nicht aufgegeben. Denn wir sind in einem roten T-Shirt und mit weißem Mundschutz zur Arbeit gegangen, um wenigstens so Flagge zu zeigen – unsere nationale Flagge.

»Alles wird gut«, sagt Tichomir, der Verkäufer im Baumarkt, mit sprühendem Blick.

Mein Sohn, den ich auf dem Arm halte, beschließt sich so zu verabschieden: »Shywe Belarus – es lebe Belaruss«.

Tichomir lacht lauthals: »Shywe – unbedingt!!«

Er sagt, es sei ein Wunder, dass die Kinder zu uns halten. Hat es das schon einmal gegeben, dass die Kinder mit uns sind? Und wenn das so ist, dann werden wir auf jeden Fall siegen. Er lacht. Und ich lache. Auch das Kind beginnt zu lachen.

»Sowas aber auch«, sagt Tichomir, »ich habe Lust zu lachen und ich habe Lust zu leben.«

Und wenn wir gern lachen, werden wir auf jeden Fall leben.

Auf jeden Fall.

Unbedingt.

Werden wir leben.
Punkt.

ЛЕОНИД САВЕНОК

АВГУСТ 2020

Вечером в день выборов я пошел гулять с собакой. Часов в десять мы подошли к школе, где должны были вывесить протокол о результатах голосования. Там стояло много людей, ждали-ждали, но результаты так и не объявили. Приехал ОМОН и вывез из школы избирательную комиссию. Люди начали возмущаться и решили пойти в центр города.

Мы с Фью стояли у дороги на улице Кальварийская. Подъехал автозак. Люди стали скандировать: «Милиция с народом!» Из машины выскочили три человека в черном, схватили меня и потащили, матерясь, избивая дубинками, кулаками. Волокли за руки, за ноги, с такой силой, что сорвали поводок с головы Фью. Закинули в автозак. На меня сели двое силовиков и продолжили бить: по ногам, рукам, груди, голове. Я увидел их нечеловеческие глаза и спросил:

– За что?

И вдруг все потухло…

Потом свидетель из автозака рассказал, что меня избивали около 15-20 минут, а когда ударили дубинкой по лицу, я отключился. У лежащего рядом парня пошла пена изо рта, но врачи вынесли на носилках меня – потому что уже не прощупывался пульс. Очнулся в скорой. Рядом лежал молодой парень с простреленным животом, из которого вывалились кишки.

LEONID SAWENOK

AUGUST 2020

Am Wahltag ging ich abends mit meinem Hund, Fju, spazieren. Gegen zehn erreichten wir das Schulgebäude, wo die Listen mit den Abstimmungsergebnissen ausgehängt werden sollten. Viele Menschen waren dorthin gekommen, sie warteten und warteten, aber die Ergebnisse wurden einfach nicht bekannt gegeben. Dann kam die OMON an und eskortierte die Wahlkommission aus dem Schulgebäude. Die Leute begannen unruhig zu werden und fassten den Entschluss, sich auf den Weg ins Stadtzentrum zu machen.

Fju und ich standen in der Kalwarijskaja-Straße am Straßenrand. Ein Gefangenentransporter hielt. Die Leute fingen an zu skandieren: »Polizei fürs Volk!« Aus dem Auto sprangen drei Männer in schwarz, sie griffen mich und begannen an mir herumzuzerren, sie brüllten und schlugen mit Gummiknüppeln und Fäusten auf mich ein. Sie schleiften mich an Händen, an Füßen mit solcher Gewalt, dass sie Fju die Leine vom Kopf rissen. Mich warfen sie in den Gefangenentransporter. Zwei Uniformierte setzten sich auf mich drauf und schlugen immer weiter auf mich ein: auf Beine, Arme, Brust und Kopf. Ich erblickte ihre unmenschlichen Augen und fragte: »Wieso?«

Dann war plötzlich alles weg …

Hernach erzählte mir ein Zeuge aus dem Gefangenentransporter, sie hätten ungefähr 15–20 Minuten auf mich eingeprügelt, jedoch sei ich, als sie mir mit dem Gummiknüppel ins Gesicht

Aus dem Russischen von Anja Dagmar Schloßberger

Я вскочил и закричал:

– У меня же там собака осталась! Я должен ее найти!

И босиком выскочил на улицу.

Когда меня тянули, слетели ботинки, пропали ключи от квартиры, телефон. После того, как я выбежал из скорой, одна девушка принесла мне ботинок, а другая – Фью, без ошейника, поводка.

Жена была на даче, и мы с Фью переночевали у приятеля в соседнем доме. Назавтра все болело, мне стало плохо. Скорая забрала в больницу. Там спросили, перенес ли я недавно инфаркт. Выяснилось, что у меня была блокада сердца, сломано 4 ребра, мизинец на руке, ушибы челюсти, рук, ног, рана на голове, сотрясение мозга, ЧМТ. Сейчас я на больничном, но карточку в поликлинике потеряли.

Ключи мы потом нашли на Окрестина, а телефон обратно так и не вернулся, хотя кто-то заходил с него ВКонтакте. Было обидно, что избили с такой жестокостью ни за что. Но страшнее, если такое в нашей стране станет нормой…

Минск, 09.08.2020

schlugen, ohnmächtig geworden. Dem neben mir liegenden Jungen lief Schaum aus dem Mund, aber weil mein Puls schon nicht mehr zu spüren war, trugen die Ärzte mich auf der Bahre weg. Im Krankenwagen kam ich wieder zu mir. Neben mir lag ein junger Bursche, er hatte eine Schusswunde im Bauch, aus dieser hingen die Eingeweide heraus.

Ich schreckte hoch und schrie: »Ich habe ja den Hund stehen lassen! Ich muss ihn suchen!«

Barfuß sprang ich raus auf die Straße.

Als sie mich geschnappt hatten, waren meine Schuhe weggeflogen, Wohnungsschlüssel und Telefon verloren gegangen. Nachdem ich aus dem Krankenwagen herausgerannt war, brachte mir ein Mädchen die Schuhe, ein anderes Fju, ohne Halsband, ohne Leine.

Meine Frau war auf der Datscha, also übernachtete ich mit Fju bei einem Freund im Nachbarhaus. Am nächsten Tag tat mir alles weh, mir war speiübel. Der Notarzt brachte mich ins Krankenhaus. Dort fragten sie mich, ob ich vor kurzem einen Infarkt gehabt hätte. Man stellte fest, dass ich Herzrhythmusstörungen hatte, vier gebrochene Rippen, der kleine Finger war gebrochen, der Kiefer war geprellt, ebenso Arme und Beine, ich hatte eine Wunde am Kopf, eine Gehirnerschütterung und ein Schädel-Hirn-Trauma. Jetzt bin ich krankgeschrieben, aber meine Krankenakte ist in der Poliklinik verloren gegangen.

Die Schlüssel fanden wir später im Okrestina-Gefängnis, aber das Telefon ist nicht mehr aufgetaucht, obwohl irgendwer damit

auf VKontakte gewesen ist. Es ist entsetzlich, dass sie einen mit solcher Grausamkeit für nichts und wieder nichts zusammenschlugen. Aber es wäre noch schrecklicher, wenn so etwas in unserem Land zur Norm wird …

Minsk, 09.08.2020

Aus dem Russischen von Anja Dagmar Schloßberger

АННА ЗЛАТКОВСКАЯ

Вот такая у нас нынче жизнь, мама.
Проверять списки или писать из автозака.
Какие нужны таблетки.
В каком, если успела написать, РОВД.
Не избита, почти в порядке.
Когда уходишь из дома,
три миски с едой и водой домашним питомцам.
Ключи соседке.
Одна только мысль –
брать или не брать телефон с собой...

Вот такая у нас нынче жизнь, доча.
Хорошо, что тебя не схватили.
Меня неудачно скрутили, рука болит, но больше сердце.
Не раскисай, привези блокаторы.
Покорми кота.
А еще достань белье из стиралки.
Я верила, что вернусь домой.
Как можно быть такой наивной, когда правит страной
узурпатор?

Вот такая нынче жизнь, подруга.
Еще вчера шутили, что перестали как раньше встречаться
на кухне с вином и болтовней.
Все больше в толпе цветов и кричалок.
А сегодня тебя украли, а я не успела спасти...

Вот такая сегодня жизнь, бабуля.
Ты еще помнишь эхо войны.

ANNA SLATKOWSKAJA

So ist das Leben heutzutage, Mama.
Listen prüfen oder aus dem Gefängnisbus schreiben.
Welche Tabletten man braucht,
Wenn man es schafft, auf welcher Polizeiwache man ist.
Dass man nicht allzuviel abgekriegt hat.
Wenn Du das Haus verlässt,
vergiss nicht drei Schalen mit Futter und Wasser für die Tiere.
Bring die Schlüssel zur Nachbarin.
Und immer nur ein Gedanke:
soll man das Telefon mitnehmen oder nicht …

So ist das Leben heutzutage, meine Tochter.
Gut, dass sie dich nicht geschnappt haben.
Mir haben sie den Arm verdreht, aber mehr als der Arm
schmerzt das Herz.
Lass dich nicht unterkriegen, bring mir die Blutdrucktabletten.
Fütter die Katze.
Und hol die Wäsche aus der Waschmaschine.
Ich dachte, ich würde nach Hause kommen.
Wie kann man so naiv sein, wenn ein Usurpator das Land
regiert?

So ist das Leben heutzutage, meine Freundin.
Gestern haben wir noch darüber gelacht, dass wir uns nicht
mehr wie früher in der Küche treffen, bei Wein und Geplauder.
Sondern immer öfter im Gedränge zwischen Blumen und
Sprechgesang.
Und heute haben sie dich entführt, und ich konnte dich
nicht retten …

Сжигающее ненавистью пламя.
Концлагеря и дикий голод.
Как плакала под куцым одеялом,
просила маму немного хлеба принести.
И умоляла небеса – приблизить день победы
да навсегда стереть понятие фашизм…
А он вернулся, бабушка, прости.
Кто виноват? – ответом стыд, недоуменье.
Что делать? – ты-то точно знаешь…

Подруга, мама, дочка и сестра – идут плечом к плечу, в руках цветы, плакаты, улыбки, слезы и немножко страх…
«Домой не жди, я еду в автозаке»…
И только лишь одно у всех в мечтах
длиной от дня невозвращенья –
все это было ненапрасным.
Мы пе-ра-мо-жам.
А лепш – Перамаглі!
Одна на всех кричалка улиц без войны.
Одно из лучших в жизни поздравлений.
Такая нынче в Беларуси жизнь.

So ist das Leben heutzutage, Omalein.
Du erinnerst dich noch an das Echo des Krieges.
Die brennenden Flammen des Hasses.
Konzentrationslager und grausamen Hunger.
Wie du unter der zu kurzen Decke geweint hast,
Die Mutter batest, dir ein Stück Brot zu bringen.
Und den Himmel beschworst, den Tag des Sieges
herbeizuführen
und die Idee des Faschismus für immer auszulöschen …
Doch er ist zurückgekommen, Oma, verzeih.
Wer ist Schuld? – Die Antwort sind Scham, Befremden.
Was tun? – Du musst es doch wissen…

Freundin, Mutter, Tochter und Schwester – gehen Schulter an
Schulter, in den Händen Blumen, Banner, ein Lächeln,
Tränen und ein wenig Angst …
»Warte nicht zu Hause, ich sitze im Gefängnisbus« …
Und es gibt nur eines, wovon alle träumen
seit dem Tag, an dem es kein Zurück mehr gab.
Dass all das nicht umsonst war.
Wir wer-den sie-gen.
Oder besser – Wir haben gesiegt!
Eine für alle schallt es friedlich durch die Straßen.
Vielleicht der beste Wahlspruch überhaupt.
So ist das Leben heut in Belarus.

Aus dem Russischen von Henriette Reisner

ДМИТРИЙ СТРОЦЕВ

ЧУДО

выходили из дома
растекались по улицам
водой

воду били-колотили
заливали водой
вода прибывала

недобитые
недомытые
сквозь игольное ушко
перелитые
возвращались домой

те
кто были вчера водой
сегодня уже вино

05.10.2020

DMITRI STROZEW

WUNDER

sie sind aus dem haus gegangen
haben sich in die straßen ergossen
wie wasser

auf das wasser hat man eingeprügelt
mit wasser hat man sie begossen
das wasser ist gestiegen

ungebrochen
nicht sauber gewaschen
durch das nadelöhr
gegossen
sind sie heimgekehrt

die
gestern wasser waren
sind heute wein

05.10.2020

Aus dem Russischen von Andreas Weihe

ТАТЬЯНА БОЙКО

ЗДРАВСТВУЙ, МАМА

Не знаю, с чего начать. Пожалуй, скажу, что я тоже мать. И хочу спросить тебя, по-человечески: знаешь ли ты, чем занимается твой сын? Послушай меня, пожалуйста. И выключи телевизор, прошу. Твой сын убивает. Да-да, тот маленький мальчик, который за обе щеки лопал твои пироги, – убивает людей. Могла ли ты представить тогда, ставя в печь сковороду с пышным тестом, что там на стуле под образами Христа сидит будущий убийца? Твой сын калечит. Как? Ломает руки и ноги. И череп. Травит газом из баллончика. Сидит за рулем водомета и поливает людей ядом. Твой сынок, мама, бьет беременную в живот и убивает не родившегося.

Господи, мама!...

Ты чувствуешь, как плачет молодая мать? Ты посмотри в красный угол. Там Тот, кто дает жизнь. Ты посмотри на Христа – и услышишь, как плачет молодая мама, которой выписали еще и штраф. Ни за что. Просто твой сын постарался. Просто твой сын... Твой сын, мама, насилует в тюрьмах мужчин и женщин. Нет, он не плачет. Он дрожит от удовольствия. Тебе он не расскажет.

В моей деревне родители пьяницы редко улыбались и мало выходили на улицу поболтать с соседями. Им было стыдно смотреть людям в глаза из-за того, что собственный ребенок стал алкоголиком. Они всегда выглядели старше других.

TATJANA BOIKO

GRÜSS DICH, MUTTER

Ich weiß nicht, wo anfangen. Vielleicht damit, dass auch ich eine Mutter bin. Und ich will dich von Mensch zu Mensch fragen: weißt du, was dein Sohn so treibt? Hör mir bitte zu und schalte den Fernseher aus. Dein Sohn bringt Menschen um. Ja, genau, dieser kleine Junge, der genüsslich deinen Kuchen verspeist hat, bringt Menschen um. Hättest du dir damals, als du das Blech mit dem prächtigen Teig in den Ofen geschoben hast, vorstellen können, dass auf der Bank unter den Christusbildern ein zukünftiger Mörder sitzt? Dein Sohn verkrüppelt Menschen. Wie? Er bricht ihnen Arme und Beine. Und schlägt ihnen den Schädel ein. Vergiftet sie mit Gas aus der Spraydose. Sitzt am Steuer eines Wasserwerfers und besprüht Leute mit Gift. Dein Sohn, Mutter, tritt Schwangeren in den Bauch und tötet die Ungeborenen.

Oh Gott, Mutter!

Hörst du, wie die junge Mutter weint? Schau doch in die Ecke mit der Ikone rüber. Dort ist der, dem wir unser Leben verdanken. Schau nur hin und hör zu, wie die junge Mutter weint, der man zusätzlich eine Geldstrafe gegeben hat. Einfach nur so. Nur weil dein Sohn sein Bestes gegeben hat.
Nur weil dein Sohn ... Mutter, dein Sohn vergewaltigt Männer und Frauen. Nein, er weint nicht dabei. Er zittert vor Vergnügen. Und er erzählt es dir nicht.

Aus dem Russischen von Petra Huber

«От горя и позора», – говорили они. А еще они говорили, что жить не хочется, что лучше умереть, чем смотреть, во что превратился собственный сын. Правда, потом добавляли, что и умирать стыдно. «Что Богу сказать?» Они часто плакали. Без слез.

Никаких слез не хватит, чтобы каждый день горевать.
Это всего лишь алкоголизм. Болезнь, которую можно вылечить. Можно ли вернуть тех, кто уже погребен, благодаря, мама, твоему сыну?

Если выдернешь шнур из розетки, то услышишь тихий вой, который въелся в воздух и разливается по всем уголкам Беларуси. Это воют мамы. Такие как ты. Они точно также месили тесто для пирогов и любовались набитыми щечками своих любимых детей с поцарапанными кошкой носами. Их дети точно также, как и твои мальчишки, мама, лазили по деревьям и воровали колхозную кукурузу, сверкая пятками от крика сторожа, и давились от смеха на перевале. Они мечтали, глядя в звездное небо, о своем заветном, и резко вставали на ноги, потому что падала звезда и необходимо срочно успеть загадать желание.

Обязательно, обязательно нужно было знать, что больше всего хочешь. Мы, маленькие, всегда знали точно, чего желаем. Это желание было вшито в наши души так же крепко и надежно, как и заштопанные тобой штаны. Одежда рвалась во всех местах, но только не там, где мамина заплатка.

Знал ли твой сын, мама, сокровенную мечту? Умел ли он мечтать? Вставал ли он при виде падающей звезды? Если

In meinem Dorf lächelten die Eltern von Alkoholikern nur selten und saßen fast nie draußen auf der Bank, um sich zu unterhalten. Sie schämten sich, anderen Menschen in die Augen zu sehen, weil ihr Kind trank. Sie wirkten immer älter als andere. »Vom Kummer und der Schande«, sagten sie. Und sie sagten auch, dass sie das Leben satt hätten und lieber sterben wollten, als mitzuerleben, was aus dem eigenen Sohn geworden ist. Obgleich sie dann hinzufügten, dass auch zu sterben beschämend sei. »Was sollen wir Gott nur sagen?« Sie weinten oft. Ohne Tränen.

Niemand hat genug Tränen, um jeden Tag zu trauern.
Dabei geht es hier nur um Alkoholismus. Eine heilbare Krankheit. Aber kann man die zurückholen, Mutter, die wegen deines Sohns im Grab liegen?

Zieh das Kabel aus der Steckdose, dann kannst du das leise Heulen hören, das sich in die Luft hinein frisst und in alle Winkel von Belarus verbreitet. Es ist das Heulen von Müttern. Müttern wie dir. Auch sie haben Kuchenteig geknetet und sich über die genüsslich Kuchen essenden, geliebten Kinder mit den von der Katze zerkratzten Nasen gefreut. Und genau wie deine Jungs, Mutter, sind auch ihre Kinder auf Bäume geklettert und haben Mais von der Kolchose gestohlen, sind beim Schrei der Wache davongelaufen und haben sich dann vor Lachen gekrümmt. Sie dachten beim Blick zum Sternenhimmel an ihren sehnlichsten Wunsch und sprangen beim Anblick einer Sternschnuppe auf, weil sie sich so schnell wie möglich etwas wünschen mussten.

Man musste unbedingt – unbedingt – wissen, wonach man sich am meisten sehnte. Wir kleinen Kinder wussten das ganz genau. Dieser Wunsch war so fest in unsere Seelen vernäht, wie die

да, то почему он стоит за дьявола? А как же облезлая от времени семейная икона в красном углу? Он же туда смотрел, когда слышал от тебя, как важно быть хорошим человеком. Скажи ему, мама. Напомни ему, куда смотреть.

Твой сын убивает детей. Несовершеннолетних. Которые выросли, чтобы исполнять свои мечты самим, ну и немножко полагаться на звезды. Твой сын, мама, украл не только их мечты, но и здоровье.

Они инвалиды, мать.

Благодаря твоему сыну.

Твой мальчик, мама, вырос и решил не исполнять свои мечты, а воровать чужие звезды. Неважно, какой ценой.

Твой сын вор и убийца. Ему все равно, кого бить: бабушку, деда, ребенка. Ему все равно, кого насиловать. Благодаря твоему мальчику, мама, я боюсь за своих маленьких белоголовых сорванцов. Я боюсь, что ночью придут в мой дом, будут крушить и ломать в поисках запрещенного.

Я боюсь, что придут твои дети, мама. Твои дети, которых ты шершавой ладонью гладила по мягким волосам и потом тихой ночью сидела у окна, выжидая падающую звезду...
«Пусть вырастут людьми.» Это самая заветная материнская мечта. И, несмотря на седину, мы все также просим у звезд за наших детей. Но теперь полагаться на звезды недостаточно, нужно и самим что-то делать для исполнения заветного желания. Поэтому я прошу у тебя, мама. Скажи

Flicken auf unseren Hosen. Unsere Kleidung riss überall auf, nur nicht dort, wo du, Mutter, sie genäht hattest.

Mutter, kannte dein Sohn seinen innigsten Wunsch? War er zum Träumen fähig? Sprang er beim Anblick einer Sternschnuppe auf? Wenn ja – warum steht er dann auf der Seite des Teufels? Und was ist mit der im Laufe der Zeit schäbig gewordenen Familienikone in der Ecke? Er hat doch dorthin gesehen, als du ihm sagtest, wie wichtig es sei, ein guter Mensch zu sein. Sag es ihm, Mutter. Erinnere ihn daran, wohin er sehen soll.

Dein Sohn bringt Kinder um. Minderjährige. Die heranwuchsen, um sich ihre Träume zu erfüllen und sich dabei auch ein wenig auf die Sterne zu verlassen. Mutter, dein Sohn hat ihnen nicht nur die Träume zerschlagen, sondern auch die Gesundheit.

Mutter, sie sind jetzt Invaliden.

Wegen deines Sohns.

Mutter, dein Junge wuchs heran und nahm sich nicht vor, die eigenen Träume zu verwirklichen, sondern anderen die Sterne zu rauben. Egal, um welchen Preis.

Dein Sohn ist ein Dieb und ein Mörder. Es ist ihm egal, wen er schlägt: eine Großmutter, einen Großvater, ein Kind. Es ist ihm egal, wen er vergewaltigt. Mutter, wegen deines Jungen habe ich Angst um meine kleinen weißhaarigen Bengel. Ich habe Angst, dass man nachts in mein Haus eindringt und bei der Durchsuchung alles zerschlägt und zerbricht.

своему сыну. Прикажи своему сыну стать человеком. Умой его своей водой из колодца и напомни.

Я не сплю ночами, и кажется, что сдала по здоровью. Врачи повторяются, рекомендуют начать медицинское обследование и вздыхают. Говорят, попробуйте поспать хоть одну ночь. Говорят, пейте вот эти таблетки, тогда сможете спать. Говорят, даже кони от них падают. А я пью таблетки и сижу в темноте в ожидании мужа, который ушел вешать флаги на деревья и мобильные вышки, чтобы утром люди проснулись и обрадовались, что борьба со злом продолжается. Жду и не сплю. Сколько бессонных ночей можно выдержать, мама? Неделю? Вспомни свои бессонные ночи, когда ты сбивала температуру своим малышам, потом ребенок выздоравливал и ты наконец-то высыпалась.

Что делать нам, мамам? Как уснуть, если кругом бегают твои дети? Сколько еще, мама, твои сыновья будут бегать? Когда нам можно будет выспаться? Хоть одну ночь, мама.

Твой сын, мама, убивает других матерей. Не выдержав горя, умерла мама мальчика Тимура. Добрый неравнодушный мальчик Тимур попал в руки твоему. Твой сын, мама... Если ты узнаешь, что сделал твой сын, ты захочешь судьбу тех родителей, которые без слез оплакивали судьбу своего непутевого пьяницы.

Твоих детей, мама, проклинают от мала до велика. Твои сыны, мама, затмили фашистов. Да-да. Тех самых фашистов, которые терзали мирных людей, сжигали живьем и стреляли в упор по малышам. Твои мальчики превзошли даже их.

Ich habe Angst, dass deine Kinder in mein Haus eindringen. Deine Kinder, denen du mit deiner rauen Hand über das weiche Haar gestrichen hast, um dann in der Stille der Nacht am Fenster zu sitzen und auf eine Sternschnuppe zu warten. »Hoffentlich werden gute Menschen aus ihnen.« Das ist der sehnlichste Traum jeder Mutter. Und trotz unserer grauen Haare bitten wir immer noch die Sterne um Glück für unsere Kinder.

Doch zurzeit gibt es nur wenige Sterne, wir müssen uns unsere Träume selbst erfüllen. Daher bitte ich dich, Mutter. Sag es deinem Sohn. Befiehl ihm, ein guter Mensch zu werden. Wasche ihn mit dem Wasser aus deinem Brunnen und erinnere ihn daran.

Nachts kann ich nicht schlafen, und um meine Gesundheit steht es offenbar nicht gut. Die Ärzte führen eine Untersuchung nach der anderen durch und seufzen. Sie sagen: Versuchen Sie doch, wenigstens eine Nacht zu schlafen. Sie sagen: Wenn Sie alle diese Tabletten schlucken, können Sie schlafen. Sie sagen: Die werfen selbst ein Pferd um. Also schlucke ich die Tabletten und warte in der Dunkelheit auf meinen Mann. Und frage mich die ganze Zeit über, ob ich es schaffen werde, mich auf das Kommen deiner Kinder vorzubereiten. Wie viele schlaflose Nächte kann man ertragen, Mutter? Eine Woche? Dann geht es dem Kind besser, das Fieber ist weg und man kann wieder ausschlafen, nicht wahr?

Was sollen wir Mütter tun? Wie einschlafen, wenn deine Kinder überall sind? Mutter, wie lange werden deine Kinder noch überall sein? Wann werden wir wieder ausschlafen können? Nur eine einzige Nacht, Mutter.

Выключи телевизор, мама. Послушай, пожалуйста, тишину, которая воет людскими голосами.

Позвони сыну. И спроси, по-матерински.
«Для чего ты, сын мой, этим занимаешься?»

Ведь чем твой мальчик занимается, ты уже, мама, знаешь.

Mutter, dein Sohn tötet andere Mütter. Die Mutter des kleinen Timur starb aus Kummer. Der freundliche, gutherzige Timur fiel deinem Sohn in die Hände. Dein Sohn, Mutter … Wenn du herausfindest, was dein Sohn getan hat, wirst du dich nach dem Schicksal jener Eltern sehnen, die wegen ihres unglücklichen alkoholkranken Nichtsnutz von einem Sohn ohne Tränen weinten.

Mutter, deine Söhne werden von Jung und Alt verflucht. Mutter, deine Söhne stellen die Nationalsozialisten in den Schatten. Ja, wirklich. Die Nationalsozialisten, die friedliche Menschen quälten, bei lebendigem Leib verbrannten und aus nächster Nähe auf Kinder schossen. Deine Söhne übertreffen sogar sie.

Schalte den Fernseher aus, Mutter. Und lausche bitte in die Stille hinein, die vom Heulen menschlicher Stimmen erfüllt ist.

Rufe deinen Sohn an. Und frage ihn mütterlich: »Warum tust du das, mein Sohn?«

Denn was dein Sohn tut, weißt du ja bereits, Mutter.

ГАННА КОМАР

ЖАНОЧЫЯ ЛАНЦУГІ САЛІДАРНАСЦІ

уздоўж дарогі ні кветак, ні слёз,
толькі звон стаіць увушшу…
я хачу быць зноў целам сваім.

не чырвоным, не белым, не чорным,
не рукамі, што трымаюць папрок,
а басаном па траве.

надзяваю напарстак
і лашчу твае валасы,
калі я так з пальцамі –
уяві маё сэрца.

жывая жанчына,
не штандар,
не надзея,
хачу вярнуць сабе
голас і цела,

можа быць, я ніколі так моцна
гэтага не хацела…

HANNA KOMAR

WEIBLICHE KETTEN DER SOLIDARITÄT

am straßenrand weder blumen noch tränen,
nur dies beständige brausen im ohr …
ich will wieder mein eigener körper sein.

kein roter, kein weißer, kein schwarzer,
nicht hände, die anklagen halten,
sondern barfuß im gras.

ich stecke den fingerhut auf
und streiche dir übers haar,
wenn ich so mit den fingern –
denk dir mein herz.

eine lebendige frau,
nicht standarte,
nicht hoffnung,
will ich mir zurückholen
stimme und körper,

mag sein, mein verlangen
war nie zuvor stärker …

Aus dem Belarussischen von Thomas Weiler

ГАННА КОМАР

12 жніўня. Я прачынаюся вельмі хворая – хвароба накрыла мяне літаральна за ноч.

На гэтым мая рэвалюцыя скончылася? Было зразумела: я не баец – не ўмею ні біцца, ні бегаць. Што я магу зрабіць, які ўнёсак, заўважны ўнёсак магу зрабіць у пратэсты?

Раніцай 12 жніўня ў мяне не было сіл ні на што. А потым я ўбачыла навіну пра жаночы ланцуг салідарнасці пад Камароўкай – і рванула туды, не раздумваючы, забыўшыся, што хворая. У мяне нават не было белага адзення на той халодны, як бетонная падлога, дзень. Я начапіла блакітныя джынсы, ружовую кофту і куртку навыварат, белай падкладкай, зацёртай і ў качулках, наверх. Без кветак, без сцягоў. Хутчэй, трэба паспець, пабыць разам з тымі, хто ведае, што я адчуваю. Мне вельмі трэба, каб мяне ўбачылі, пачулі.

Колькі было потым гэтых ланцугоў, кветак. Часам адна жанчына перадавала сваю кветку наступнай, сыходзячы. Перадавалі плакаты – і ўсе пагаджаліся з напісаным, таму што ўсе мы прасілі аднаго – спыніць гвалт. Перадавалі па ланцугу бутэльку вады, каб змачыць маскі ці павязкі з марлі, таму што побач, на плошчы Якуба Коласа, супраць жанчын выкарсталі газ. Перадавалі захапленне адна адной. Перадавалі сілу.

Аднойчы я стамілася ад кветак. Я больш не разумела, як яшчэ мне трэба сказаць, каб мяне пачулі, колькі разоў мне трэба паўтарыць. Можа і да лепшага, што зіма – не было болей сіл на кветкі. Не засталося сіл у кветак.

HANNA KOMAR

12. August. Ich wachte auf und war krank – die Krankheit hatte mich buchstäblich über Nacht erwischt.

War damit meine Revolution vorbei? So viel stand fest: Ich war keine Kämpferin, konnte weder schlagen noch rennen. Was blieb mir noch, welchen Beitrag, welchen erkennbaren Beitrag konnte ich für die Proteste leisten?

Am Morgen des 12. August hatte ich keinerlei Kraft mehr. Dann las ich über eine Solidaritätskette von Frauen vor dem Kamarouka-Markt, und ich rannte los ohne zu zögern, die Krankheit war vergessen. Ich hatte nicht einmal etwas Weißes anzuziehen für diesen Tag, der so kalt war wie ein Betonfußboden. Also schlüpfte ich in eine hellblaue Jeans, ein rosa Sweatshirt und zog darüber die Jacke mit dem abgewetzten, fusseligen, weißen Innenfutter nach außen. Keine Blumen, keine Fahnen. Bloß hin, nicht zu spät kommen, nur bei denjenigen sein, die wissen, wie ich empfinde. Unbedingt gesehen werden, gehört.

So viele Menschenketten und Blumen folgten. Manchmal gab eine Frau ihre Blume an die nächste weiter, wenn sie ging. Auch Plakate wurden weitergereicht, und alle konnten sich hinter den Aufschriften versammeln, da wir alle nur einen Wunsch hatten – ein Ende der Gewalt. Wasserflaschen machten die Runde, damit alle die Masken und Mullbinden befeuchten konnten, denn nebenan, am Jakub-Kolas-Platz, setzten sie Tränengas gegen die Frauen ein. Wir reichten unsere Begeisterung weiter. Unsere Kraft.

Irgendwann war ich die Blumen leid. Ich fragte mich, wie ich sonst noch sprechen sollte, um Gehör zu finden, wie oft ich mich noch wiederholen musste. Vielleicht hatte es auch sein Gutes, dass der Winter kam – ich hatte keine Kraft mehr für Blumen. Den Blumen war die Kraft ausgegangen.

ГАННА КОМАР

ноч на аўтадазвоне:
гудкі – як дручкі,
гумовыя кулі –
усе на аднаго:
130, 131 – працяжны –
да ранку тварам у бетон,
непрытомнасць, з якой вырывае
новы ўдар,
трое сутак без ежы…

няма адказу на ўсе нашы
белыя кветкі,
чырвоныя сэрцы.

чалавечае цела і памяць
вытрымліваюць траўмы,
несумяшчальныя з верай у лепшае,
перайманоўваем колеры
«страх», «трывогу», «жалобу»
на «супрацiў», «чаканне», «надзею».

калі ўсё гэта скончыцца,
я дапамагу табе фарбаваць
гэтыя голыя сцены

ў белы
чырвоны
белы.

12 жніўня, Мінск

HANNA KOMAR

die Nacht über automatische Wahlwiederholung
Wahlzeichen sind wie Schlagstöcke
Gummikugeln
alle auf einen
130, 131 – langer Ton
wie bis zum Morgen mit dem Gesicht auf den Beton
wie eine Bewusstlosigkeit, aus ihr herausgerissen
durch einen neuen Schlag
wie drei Tage ohne Essen

es gibt keine Antwort auf alle unsere
weißen Blumen
roten Herzen

der menschliche Körper und Geist
halten Traumata aus
unvereinbar mit dem Glauben an etwas Besseres
wechseln wir die Farben von
„Angst", „Besorgnis", „Beschwerde" nach
„Widerstand", „Warten", „Hoffnung"

Wenn all das enden wird
helfe ich dir umzufärben
die nackten Wände

weiß
rot
weiß

12 August 2020

Aus vom Belarussischen von Ruben Biewald

ЭЛЬЗА АНЗЕЛЬМ

Утром 9 августа я стояла на автобусной остановке в Уручье. Людей было много, но невозможно было не заметить счастливого мальчишку, которого друг снимал на смартфон. Мальчишка был светленький, худенький и длинноногий, он был похож на аиста. Эта птица – символ Беларуси. И хотя он стоял на своих длинных ногах вот здесь, рядом со мной, на вымощенном плиткой тротуаре, я видела его большекрылой птицей, попавшей в свой поток воздуха, оперевшейся на этот воздух и парящей. Наверное, он хотел поделиться в stories радостью, что наконец может голосовать. Да, на вид ему было лет восемнадцать. Он смеялся, показывал «виктори» пальцами, на его запястье был белый браслет – аксессуар, который в те дни был важнее маски. Вечером того же дня даже фитнес-браслет белого цвета превратился в повод для ареста.

***

Мой избирательный участок был в школе, в той самой, где когда-то учился мой сын. От моего дома – несколько остановок езды на автобусе, но я пошла туда пешком. Хотелось видеть людей на улицах. Даже у нас на окраине улицы были заполнены, как в час пик понедельника. Люди махали людям руками с балконов и из открытых окон машин.

На участке тоже было многолюдно. Стояли очереди. Три независимых наблюдателя сидели на специально для них выставленном диване. На самом краешке, как будто чтобы в любой момент вскочить и убежать.

ELSA ANSELM

Am Morgen des 9. August stand ich an einer Bushaltestelle in Urutschje[1]. Dort war es recht voll, aber es war unmöglich, den glücklichen Jungen zu übersehen, den sein Freund mit dem Smartphone aufnahm. Der Junge war blond, schlank und langbeinig, er ähnelte einem Storch. Der Storch ist das Symbol von Belarus. Und obwohl er auf seinen langen Beinen hier neben mir stand, auf dem gepflasterten Bürgersteig, sah ich ihn als Vogel mit großen Schwingen, der in seinem Luftstrom angekommen war, in dieser Luft flügge geworden war und dahinglitt. Wahrscheinlich wollte er auf *Stories* seine Freude darüber teilen, dass er endlich wählen durfte. Ja, dem Aussehen nach war er achtzehn. Er lachte und machte das *Victory*-Zeichen, am Handgelenk ein weißes Armband – ein Accessoire, das in diesen Tagen wichtiger war als eine Maske. Am Abend desselben Tages war selbst ein weißes Fitnessarmband Grund genug, verhaftet zu werden.

***

Mein Wahllokal war in einer Schule, in der, die mein Sohn besucht hatte. Von meinem Haus sind es ein paar Haltestellen mit dem Bus, aber ich ging zu Fuß. Ich wollte die Menschen in den Straßen sehen. Selbst bei uns am Stadtrand waren die Straßen so voll wie montags zur Stoßzeit. Menschen winkten von den Balkons und aus offenen Autofenstern.

---

1 Stadtteil in Minsk

Я проголосовала и отправила свой результат на платформу «Голос». Домой вернулась на автобусе. В нескольких метрах от остановки был еще один избирательный участок, у ступеней которого на корточках сидели наблюдатели независимые: девушка и двое худеньких парней. Я подошла и вручила им пирог с корицей. Они обрадовались, поблагодарили меня по-белорусски. Выглядели они очень уставшими.

***

Дома я собралась и, пожелав ребенку спокойной ночи, поехала на работу. Интернета уже не было. В два часа ночи сын позвонил мне, сказал, что подключился к Сети через VPN и увидел, какой ужас творится в городе.

– Мама, спать я не буду!

***

Когда моя коллега, чья рабочая смена начинается в четыре утра, выходила из дому, ее сосед вернулся с работы. Вместо «Доброе утро!» сказал ей: «Юля, это п…ц!» Он был следователем, но всю ночь простоял на улице с дубинкой.

В шесть утра приехала другая коллега, муж которой – тоже милиционер. Уже на пенсии по выслуге лет, но остался на канцелярской работе. В воскресенье у него был выходной, он писал расписку, что будет находиться в пределах Минского района и по первому же вызову явится на работу. Его не вызывали. Семья проголосовала, поехала погулять в лес за город. Когда вернулись вечером, в центре было море ОМОНа.

Im Wahllokal war es auch voll. Es gab Warteschlangen. Drei unabhängige Beobachter saßen auf einem eigens für sie hingestellten Sofa. Ganz am Rand, als müssten sie jeden Moment aufspringen und weglaufen.

Ich wählte und schickte das Ergebnis meiner Abstimmung an die Plattform *Stimme*. Zurück nach Hause fuhr ich mit dem Bus. In der Nähe der Haltestelle war auch ein Wahllokal, auf dessen Treppe die unabhängigen Beobachter hockten: eine junge Frau und zwei schlanke junge Männer. Ich ging zu ihnen und drückte ihnen Zimtkuchen in die Hand. Sie freuten sich und dankten mir auf Belarussisch. Sie wirkten sehr erschöpft.

***

Zu Hause packte ich meine Sachen zusammen, sagte meinem Kind Gute Nacht und fuhr zur Arbeit. Das Internet war schon abgeschaltet. Nachts um zwei rief mich mein Sohn an und sagte, dass er sich über ein VPN-Netzwerk eingewählt und gesehen hat, was da in der Stadt Schreckliches passiert.

»Mama, schlafen werde ich nicht!«

***

Als meine Kollegin, deren Schicht um vier Uhr morgens beginnt, das Haus verließ, kam ihr Nachbar gerade von der Arbeit. Statt »Guten Morgen!« sagte er zu ihr: »Julia, das ist Sch...!« Er war Ermittler, stand aber die ganze Nacht mit einem Gummiknüppel auf der Straße.

Их младшая дочь, увидев, как четыре здоровенных омоновца за руки и за ноги, как жабу, тащили в автозак худенькую девушку, всю ночь не могла заснуть. Их старший сын рвался на улицу. Мать встала перед ним на колени, плакала и умоляла не выходить.

Она уговорила сына. Он пошел в свою комнату, бросив: «Ненавижу эту страну! Накоплю денег и увезу вас отсюда».

За два года до этого вечера юноша и его отец были на разрешенном властями митинге, посвященном 100-летию со дня образования Белорусской Народной Республики. Были не вместе: отец стоял в оцеплении.

Через три месяца после этого вечера его будут вынуждать выйти на провластный митинг пенсионеров 19 октября. Он откажется категорически. Ему пригрозят увольнением. Он скажет: «Увольняйте прямо сейчас!» И его оставят в покое.

***

Вечером 10 августа по радио передали официальные результаты выборов. Мы были готовы к неновости – победил Лукашенко. Но когда объявили, что «ЗА» проголосовало 80 процентов (соврали бы хотя бы про 60!), я, человек совершенно аполитичный, проживший четыре десятка лет, родитель, руководитель, владелец квартиры, задохнулась. Мне стоило колоссальных сил не заплакать от бессилия и унижения, ведь рядом были люди. Кто-то нервно засмеялся: «Нет. Вот видите, мы никогда ничего не сможем сделать».

Morgens um sechs kam eine andere Kollegin, deren Mann auch Milizionär ist. Er bekommt aufgrund seiner Dienstjahre schon Rente, arbeitet aber im Büro weiter. Am Sonntag hatte er frei, er schrieb eine Erklärung, dass er sich im Bezirk Minsk aufhalten und bei der ersten Aufforderung zur Arbeit erscheinen werde. Er wurde nicht einbestellt. Die Familie ging wählen und fuhr für einen Spaziergang in den Wald. Als sie abends zurückkehrten, war das Zentrum voller Spezialeinheiten. Ihre jüngere Tochter, die mit angesehen hatte, wie vier kräftige Angehörige der Spezialeinheiten eine zarte junge Frau wie einen Frosch an Armen und Beinen in einen Gefangenentransporter schleppten, konnte die ganze Nacht nicht schlafen. Ihr älterer Sohn wollte unbedingt raus. Seine Mutter kniete vor ihm nieder, weinte und flehte ihn an, dazubleiben.

Sie konnte ihn überreden. Er ging in sein Zimmer, sagte nur noch: »Ich hasse dieses Land! Ich spare das Geld zusammen und bring euch hier weg.«

Zwei Jahre vor diesem Abend waren er und sein Vater auf einer genehmigten Kundgebung zum hundertsten Jahrestag der Gründung der Belarussischen Volksrepublik gewesen. Sie waren nicht gemeinsam dort: Der Vater stand in der Absperrkette.

Drei Monate nach diesem Abend sollte er an einer Kundgebung der Rentner für die Machthabenden teilnehmen. Er weigert sich kategorisch. Ihm wird mit Entlassung gedroht. Darauf sagt er: »Dann entlassen Sie mich jetzt sofort!« Und er wird in Ruhe gelassen.

***

Мы были как дождевые черви, которые на радостях выползли под дождь, а когда дождь закончился, остались разбросанными на асфальте, в условиях, в которых выжить невозможно.

Проснувшись на следующий день, я первым делом подумала: «Боже, еще пять лет!» Словно впереди было пять лет тюрьмы.

Да, я не смирилась и не была равнодушной, как после выборов в прежние годы. Но я отчаялась, и я не знаю, что бы я делала, если бы не люди.

Невероятные люди, которые не отчаялись и не смирились. Первым из этих людей был мой сын.

***

12 августа мне позвонили с работы и попросили приехать пораньше. Появилась информация, что в центр вводят военную технику, мне надо было добраться до офиса до того, как это произойдет. Когда я приехала, наша менеджер Катя сидела перед компьютером и плакала: «Сегодня опять будут бить людей». Потом кто-то сказал, что нас эвакуируют, потому что власти хотят полностью обезлюдить центр города. И все же мы работали, а утром после работы я поехала на встречу до станции «Восток» и когда вышла из метро, на меня обрушился бесконечный, безудержный рев клаксонов машин.

Am Abend des 10. August wurden im Radio die offiziellen Wahlergebnisse verkündet. Wir hatten nichts Neues erwartet – Lukaschenko hatte gewonnen. Aber als verkündet wurde, dass achtzig Prozent für ihn gestimmt hätten (Sie hätten wenigstens sechzig zusammenlügen können!), bekam ich, ein völlig unpolitischer Mensch, der schon vier Jahrzehnte auf der Welt ist, Mutter ist, Chefin und Wohnungseigentümerin, keine Luft mehr. Ich musste kolossale Kräfte aufbringen, um vor Ohnmacht und Demütigung nicht in Tränen auszubrechen, schließlich war ich nicht allein. Irgendjemand lachte nervös auf: »Nein. Seht ihr, wir können nie auch nur irgendwas ausrichten.«

Wir waren wie Regenwürmer, die vor lauter Freude in den Regen rausgekrochen waren, und als der Regen vorbei war, auf dem Asphalt liegen blieben, bei Bedingungen, unter denen man nicht überleben konnte.

Als ich am nächsten Tag aufwachte, dachte ich als Erstes: »Mein Gott, noch mal fünf Jahre!« Als hätte ich fünf Jahre Gefängnis vor mir.

Ich fand mich nicht damit ab und war nicht gleichgültig, wie nach den Wahlen der vergangenen Jahre. Aber ich war verzweifelt, und ich weiß nicht, was ich getan hätte, wenn da nicht diese Menschen gewesen wären.

Unglaubliche Menschen, die nicht verzweifelten und sich nicht damit abfanden. Allen voran mein Sohn.

***

Я ничего не понимала, смотрела по сторонам. Все как всегда, обычное буднее утро. Люди ходят, машины едут, но сигналят без перерыва.

И только когда я села в автобус и мы поехали в направлении из города, я увидела справа за металлическим ограждением женщин в белой одежде с белыми цветами. Их было всего три. Центральный проспект гудел из-за них.

Через несколько месяцев на том же самом месте, где стояли женщины, сотрудник дорожно-патрульной службы будет жестоко избивать резиновой дубинкой мужчину в гражданском, которого будут держать сразу несколько омоновцев. Я запомню это хорошо, навсегда, потому что обычно людей били омоновцы, а не простые милиционеры. И потому, что бил он не целенаправленно, как враг бьет врага, а истерично, как брат, напившись, бьет брата, как герой Достоевского, бьет от отчаяния, от того, что не знает, что делать. Возможно, после он не будет плакать, обняв голову, но он точно будет жалеть.

Это будет после, а в то утро мой автобус доехал до Уручья. Именно там, где 9 августа я видела мальчика-аиста, уже не три, а сотни женщин с цветами стояли вдоль проспекта сплошной стеной. Рядом со мной села старуха. Она шипела в трубку: «Стоят. Зачем они стоят? У нас такой же бардак, вся Серебрянка в женщинах с цветами».

***

Am 12. August wurde ich von der Arbeit angerufen und gebeten, früher zu kommen. Im Zentrum sollte wohl Militär zusammengezogen werden und ich musste es ins Büro schaffen, bevor das passierte. Als ich dort ankam, saß unsere Managerin Katja vor dem Computer und weinte: »Heute werden wieder Menschen zusammengeschlagen.« Dann sagte jemand, dass wir evakuiert werden, weil die Machthabenden das Stadtzentrum menschenleer haben wollen. Trotzdem haben wir gearbeitet, und am nächsten Morgen bin ich nach der Arbeit zur Metrostation *Wostok* zu einem Treffen gefahren, und als ich aus der Metro kam, brach ein endloses, haltloses Autohupen über mich herein.

Ich verstand gar nichts und blickte mich um. Alles war wie immer, ein ganz normaler Werktagsmorgen. Menschen laufen herum, Autos fahren, aber sie hupen ohne Pause.

Erst als ich im Bus saß und wir stadtauswärts fuhren, sah ich rechts hinter einer Metallabsperrung Frauen in weißer Kleidung und mit weißen Blumen. Sie waren nur zu dritt. Der Hauptprospekt hupte wegen ihnen.

Ein paar Monate später wird an der Stelle, wo die Frauen standen, ein Verkehrspolizist brutal auf einen Mann in Zivil einprügeln, den gleich mehrere Spezialkräfte festhalten. Das hat sich mir eingeprägt, weil üblicherweise die Spezialkräfte prügelten und die einfachen Milizionäre nicht. Und weil er nicht zielgerichtet schlug, wie ein Feind einen Feind schlägt, sondern hysterisch, wie ein betrunkener Bruder seinen Bruder schlägt, wie eine Figur aus einem Dostojewski-Roman, aus Verzweiflung, weil er nicht weiß, was er tun soll. Vielleicht wird er nicht seinen Kopf mit den Händen umfassen und weinen, aber er wird es bestimmt bereuen.

16 августа я проснулась в половине третьего. Обычно я нервничаю, если опаздываю даже на минуту, а теперь была спокойна. Мы нарядились в белое и поехали в центр. Было солнечно и жарко. Нигде не было преград и милиции. Первых наших, двигавшихся в сторону центра, увидели почти сразу – на пустынном участке проспекта между станциями метро «Уручье» и «Борисовский тракт». Это была семья. Нарядные, с бело-красно-белым флагом. Дальше люди встречались все чаще. А на площади Якуба Коласа народу было уже так много, что ехать дальше было невозможно, мы вышли из автобуса и пошли вместе со всеми. У нас не было ни шаров, ни лент, ни плакатов, мы ничего не кричали, мы просто шли. Шли, как течет вода, когда у нее нет препятствий.

В соцсетях писали: «Собираемся в центре». Но на перекрестке Козлова и Машерова поток повернул направо – в сторону Стелы. Люди шли туда, где в ночь с 9 на 10 августа было страшнее всего. Поток все богател и богател. А я все боялась, все выглядывала милицию, а замечала лежащие на краю тротуара стопку ватмана и маркеров для желающих написать плакат; красный пояс на белом платье у девушки впереди; проехавший белый мотороллер, обмотанный широкой красной лентой, завязанной на бант, как на подарке; крошечную собачку в красном на руках у блондинки в возрасте.

Я перестала бояться, когда мы дошли до церкви Марии Магдалены. Холмов Сторожевского сквера не было видно из-за людей. Дальше, в сквере Старостинская слобода был пикник, на который собрался весь город. Пожилые, взрослые, молодые, дети, собаки, пледы, флаги, флаги, флаги...

Das wird später sein, an jenem Morgen jedoch fuhr mein Bus nach Urutschje. Genau dort, wo ich am 9. August den Storchenjungen gesehen hatte, standen nicht nur drei, sondern hunderte Frauen mit Blumen wie eine Wand den Prospekt entlang. Neben mir saß eine alte Frau. Sie zischte ins Telefon: »Da stehen sie. Wozu eigentlich? Bei uns ist es das gleiche Chaos, ganz Serebrjanka[2] ist voller Frauen mit Blumen.«

***

Am 16. August wachte ich halb drei auf. Normalerweise bin ich nervös, wenn ich auch nur eine Minute zu spät bin, aber jetzt war ich ruhig. Wir kleideten uns weiß und fuhren ins Zentrum. Es war sonnig und heiß. Nirgendwo gab es Absperrungen oder Miliz. Die Ersten von uns, die sich in Richtung Zentrum bewegten, sahen wir bald – auf dem öden Abschnitt des Prospekts zwischen den Metrostationen *Urutschje* und *Borissowski trakt*[3]. Es war eine Familie. Schön gekleidet, mit einer weiß-rot-weißen Fahne. Dann trafen wir immer mehr Menschen. Und am Jakub-Kolas-Platz waren es schon so viele, dass wir nicht weiterfahren konnten, wir stiegen aus dem Bus aus und liefen gemeinsam mit allen weiter. Wir hatten keine Luftballons, keine Bänder, keine Plakate, wir riefen nichts, wir liefen einfach. Liefen, wie das Wasser fließt, wenn es keine Hindernisse hat.

In den sozialen Netzwerken wurde geschrieben: »Wir versammeln uns im Zentrum.« Aber an der Kreuzung der Koslow-Straße und des Mascherow-Prospekts bog der Strom nach rechts ab –

2 Stadtteil in Minsk

3 Stadtteil in Minsk

Мы не встретили ни одного знакомого, но там все были как родственники. Улыбались, смеялись, были счастливы.

В белорусском языке есть потрясающее слово – «грамада» (с ударением на последнее «а»). Оно означает «сообщество», но созвучие с русским словом «громадный» усиливает значение слова многократно, даже на уровне звучания его отдельных звуков. Грамада – это когда люди объединены не только интересами и целями, но и местом, и временем, и настроением, и силами, и духом. И когда число этих людей – громадное.

Иногда я переживаю, что не там живу и не тем занимаюсь, но уже сейчас точно знаю, что прожила жизнь не зря, раз в тот день была именно в том месте, с теми людьми.

***

В то воскресенье, когда в середине дня закрыли все центральные станции метро, мы вышли на «Академии Наук» и оттуда пошли в сторону центра. Людей было много. Мы не могли точно знать, куда именно идут эти люди, и в то же время безошибочно чувствовали, что они идут туда же, куда и мы.

Мы шли медленно. Нас обгоняли и обгоняли, в конце концов все оказались впереди, и я запереживала, что мы в конце колонны. А потом я обернулась и сердце мое ахнуло: за нами было море людей, просто море. И оно не кончалось.

***

in Richtung der Heldenstadt-Stele. Die Menschen gingen dahin, wo es in der Nacht vom 9. auf den 10. August am schlimmsten gewesen war. Der Strom wurde immer stärker und stärker. Und ich hatte die ganze Zeit Angst, hielt immerzu nach der Miliz Ausschau, und bemerkte einen Stapel Papier und Marker zum Plakateschreiben am Rand des Bürgersteigs; einen roten Gürtel auf dem weißen Kleid der Frau vor uns; einen vorbeifahrenden weißen Motoroller, der mit einem breiten roten Band wie ein Geschenk umwickelt war; ein winziges rot angezogenes Hündchen auf dem Arm einer älteren Blondine.

Ich hatte keine Angst mehr, als wir an der Maria Magdalena-Kirche angekommen waren. Die Hügel der Parkanlage waren vor lauter Menschen nicht zu sehen. In der Grünanlage *Starotinskaja sloboda* gab es ein Picknick, zu dem sich die ganze Stadt aufgemacht hatte. Alte Menschen, erwachsene, junge, Kinder, Hunde, Decken und Fahnen, Fahnen, Fahnen …

Wir trafen nicht einen einzigen Bekannten, aber alle dort waren wie Verwandte. Lächelten, lachten und waren glücklich.

Auf Belarussisch gibt es ein wundervolles Wort – *Hramada* (auf dem letzten A betont). Es bedeutet Gemeinschaft, aber der Anklang an das russische *gromadnyj* – gewaltig – verstärkt die Wortbedeutung um ein Vielfaches, selbst auf der Ebene der einzelnen Laute. *Hramada* – das ist, wenn die Menschen nicht nur durch gemeinsame Interessen und Ziele miteinander verbunden sind, sondern auch durch Ort und Zeit, durch Stimmung, Kraft und Geist. Und wenn die Zahl dieser Menschen gewaltig ist.

Manchmal fürchte ich, dass ich am falschen Ort lebe und das Falsche mache, aber schon jetzt weiß ich genau, dass ich nicht

Первые марши были праздниками, главная задача которых – поделиться с другими счастьем, силами, радостью.

Потом началась осень, радости в маршах стало меньше. На них свалилась рутина, как будни сваливаются на родителей после рождения ребенка. Но невозможно бесконечно праздновать прибытие из роддома. Надо купать, кормить, воспитывать.

***

Я навсегда запомню стройную женщину в длинном платье, плаще и туфлях на высоких каблуках. Откидывая с лица длинные волосы, она смотрела, как щит из омоновцев у ГУМа начал собираться от краев к центру и грузиться в автобусы. Женщина спросила: «Как вы думаете, куда они сейчас поедут?» Спросила не меня. Она спросила любого из многих, кто был рядом и смотрел в одну с ней сторону. Женщина была одна. Но она была со всеми.

Длинные распущенные волосы, высокие каблуки. Невозможно было поверить, что она тоже протестует.

Я навсегда запомню и другую женщину, самую обычную, я видела ее только со спины, ее плечи были опущены, как от большой усталости. Она шла медленно и тяжело, и можно было подумать, что ей все надоело. Но в левой руке она держала за хвост плюшевую крысу. Голова игрушки, раскачиваясь, практически касалась земли. Голова раскачивалась в такт шагам многих десятков тысяч.

umsonst gelebt habe, weil ich an diesem Tag genau an diesem Ort war, mit diesen Menschen.

***

An dem Sonntag, als mitten am Tag alle zentralen Metrostationen geschlossen wurden, stiegen wir an der *Akademie der Wissenschaften* aus und liefen von dort in Richtung Zentrum. Es waren viele Menschen unterwegs. Wir konnten nicht genau wissen, wohin diese Menschen gingen, wussten aber ganz sicher, dass sie das gleiche Ziel hatten wie wir.

Wir gingen langsam. Immer wieder wurden wir überholt, zum Schluss schien es, dass alle vor uns und wir am Ende des Zuges waren. Aber dann drehte ich mich um und mein Herz stolperte vor Erstaunen: Hinter uns war ein Menschenmeer, ein richtiges Meer. Und es nahm kein Ende.

***

Die ersten Kundgebungen waren Feste, deren wichtigstes Ziel es war, Glück, Kraft und Lebensfreude miteinander zu teilen.

Dann kam der Herbst und die Lebensfreude auf den Kundgebungen nahm ab. Die Routine brach über sie herein, wie der Alltag nach der Geburt eines Kindes über die Eltern hereinbricht. Man kann nicht unendlich lange die Ankunft aus der Entbindungsklinik feiern. Das Kind muss gebadet, gefüttert und erzogen werden.

***

Именно на том марше я увидела впереди знакомого мужчину. Это был мой начальник. Невозможно было поверить, что он тоже ходит на марши.

Я навсегда запомню мужчину, который был слеп. Он шел в центре колонны (там всегда безопаснее), он был с тростью, под руку его держал поводырь.

Я не могла оторвать от него глаз, шла вперед, но смотрела направо. И тут людское море споткнулось. Оказалось – впереди выстроился строй омоновцев. Я обернулась и меньше чем в десяти метрах от себя увидела цепь черных людей в балаклавах. Со мной было двое детей. Мы побежали во дворы. Мы еле убежали тогда. Я потеряла кошелек. Я вернулась его искать, отправив детей домой.

Кошелек я нашла.

До сих пор думаю, что стало с тем слепым мужчиной.

***

На каждом здании, даже на разрушенных, я вижу красно-зеленый флаг. А на ветках деревьев, на фонарных и афишных столбах, на асфальте – флаг другой. И из-под каждого закрашенного серой краской прямоугольника на любом заборе он светит белым, красным, белым.

Бело-красно-белыми флагами знаменит минский жилой микрорайон «Каскад». В первые недели после выборов там их вывешивали таких размеров, за какие заносят в Книгу

Ich werde mich immer an die schlanke Frau in dem langen Kleid, Mantel und den hohen Absatzschuhen erinnern. Sie warf sich die langen Haare aus dem Gesicht und guckte zu, wie sich die Spezialeinheiten am GUM von den Rändern zum Zentrum zusammenzogen und in die Busse stiegen. Die Frau fragte: »Was glauben Sie, wo fahren die jetzt hin?« Sie hatte nicht mich gefragt. Sie hatte irgendwen gefragt von den Vielen, die da waren und in dieselbe Richtung blickten wie sie. Die Frau war allein. Aber sie war zusammen mit allen.

Lange, offene Haare, hohe Absätze. Es war kaum zu glauben, dass sie auch protestierte.

Ich werde mich auch immer an eine andere Frau erinnern, eine ganz gewöhnliche, ich sah sie nur von hinten, ihre Schultern hingen herab wie von großer Erschöpfung. Sie ging langsam und schwerfällig und man hätte meinen können, dass sie alles satt hatte. Aber in der linken Hand hielt sie eine Plüschratte am Schwanz. Der Kopf der Ratte schaukelte direkt über dem Boden. Er schaukelte im Takt der Schritte Zigtausender.

Auf der Kundgebung sah ich weiter vorn auch einen Bekannten. Es war mein Chef. Kaum zu glauben, dass auch er zu den Kundgebungen ging.

Immer werde ich mich an einen Mann erinnern, der blind war. Er ging in der Mitte des Zuges (da ist es immer am sichersten), er hatte einen Stock dabei, und ein Führer hielt ihn am Arm.

Ich konnte die Augen nicht abwenden, ich lief geradeaus, blickte aber nach rechts. Und da stockte das Menschenmeer. Vor uns hatte eine Formation der Spezialeinheiten Aufstellung

рекордов Гиннесса. Только и рассказов было, как бесконечно спецслужбы приезжали и снимали эти флаги, а люди снова их вывешивали. «Каскад» был флагманом новостей про флаги, поэтому создавалось впечатление, что флаги вывешивают только там. Но вот однажды, осенью, когда каратели уже основательно ужесточились и маршевая активность пошла на спад, я вела сына к врачу. Свернули на неприметную улицу. Там стояли новостроенные дома почти в двадцать этажей. И на каждом балконе висел бело-красно-белый флаг. Мы даже остановились, хотя опаздывали. Это было невероятное зрелище. Флаги, флаги, флаги, флаги. Где-то по два: на балконе и в окне. Про эти флаги я не читала в новостях, их никто не снимал, хотя дома стояли в нескольких сотнях метров от центрального проспекта.

***

Подруга, живущая за границей, спросила не так давно: «Что у вас слышно? У нас про вас уже совсем не пишут».

То, что пишут, менее важно, чем то, что делают.

Кто-то уже не делает. Среди тех, кого я знаю, нет ни одного такого человека. Но я допускаю, что такие люди есть.

Для большинства протест просто вырос в другую форму. Именно вырос. Он стал взрослее. И заключается не только в том, чтобы не покупать сметану провластного завода.

Я тоже протестую.

genommen. Ich drehte mich um und sah in weniger als zehn Metern Entfernung eine Kette schwarzer Menschen in Balaklava. Ich war mit zwei Kindern dort. Wir liefen in die Höfe. Wir konnten damals gerade so weglaufen. Ich verlor mein Portemonnaie. Ich kehrte zurück, um es zu suchen, nachdem ich die Kinder nach Hause geschickt hatte.

Das Portemonnaie habe ich gefunden.

Bis heute überlege ich, was wohl aus dem blinden Mann geworden ist.

***

An jedem Gebäude, selbst an den kaputten, sehe ich die rot-grüne Fahne. Aber in den Bäumen, an den Straßenlaternen und Litfaßsäulen, auf dem Asphalt ist eine andere Fahne zu sehen. Und unter jedem mit grauer Farbe übertünchten Rechteck auf irgendeinem Zaun leuchtet sie weiß-rot-weiß hervor.

Für seine weiß-rot-weißen Fahnen ist auch der Minsker Wohnbezirk *Kaskad* bekannt. In den ersten Wochen nach der Wahl wurden sie dort in Ausmaßen aufgehängt, die einen Eintrag ins Guinness-Buch der Rekorde verdienten. Es wurde sehr viel erzählt, wie der Geheimdienst immer wieder kam und die Fahnen abnahm und die Menschen sie immer wieder aufhängten. Der Bezirk war das Flaggschiff der Flaggen-Nachrichten, deshalb entstand der Eindruck, dass sie nur dort aufgehängt wurden. Aber einmal im Herbst, als sich die Strafmaßnahmen schon gründlich verschärft hatten und die Kundgebungen abnahmen, war ich mit meinem Sohn auf dem Weg zum Arzt. Wir bogen in

Я голосовала за Светлану Тихановскую.

Я доначу актерам Купаловского театра и не пропускаю ни одной их премьеры на Youtub'e.

Я пеку печенье протестующим пенсионерам и пью кофе в кофейнях, поддержавших бастующих.

Я покупаю продукты в магазине, хозяин которого сидит в тюрьме.

Я стараюсь разговаривать с людьми, которые со мной не согласны.

Я слушаю Чалого.

Я пишу письма заключенным.

Я пишу эти строки.

eine unscheinbare Straße ein. Dort standen Neubaublocks mit fast zwanzig Etagen. Und auf jedem Balkon hing die weiß-rot-weiße Fahne. Wir blieben sogar stehen, obwohl wir spät dran waren. Es war ein unglaublicher Anblick. Fahnen, Fahnen, Fahnen, Fahnen. Manchmal sogar zwei: auf dem Balkon und im Fenster. Über diese Fahnen hatte ich nichts in den Nachrichten gelesen, sie wurden nicht abgenommen, obwohl die Häuser nur ein paar hundert Meter vom Hauptprospekt entfernt waren.

***

Eine Freundin, die im Ausland lebt, fragte vor Kurzem: »Wie sieht es denn aus bei euch? Hier wird schon gar nichts mehr über euch geschrieben.«

Das, was geschrieben wird, ist weniger wichtig als das, was getan wird.

Manche tun nichts mehr. Unter den Menschen, die ich kenne, ist keiner davon. Aber ich nehme an, dass es solche Menschen gibt.

Für die meisten hat sich der Protest einfach gewandelt. Er ist erwachsener geworden und beschränkt sich nicht darauf, die Sahne der regierungstreuen Fabrik zu boykottieren.
Ich protestiere auch.

Ich habe für Swetlana Tichanowskaja gestimmt.

Ich spende für die Schauspieler des Kupala-Theaters[4] und verpasse nicht eine ihrer Premieren auf YouTube.

Ich backe für die protestierenden Rentner und trinke meinen Kaffee in Cafés, die die Streikenden unterstützen.

Ich kaufe Lebensmittel in einem Laden, dessen Inhaber im Gefängnis sitzt.

Ich versuche mit Menschen zu reden, die anderer Meinung sind als ich.

Ich höre Tschalyj[5].

Ich schreibe Briefe an Gefangene.

Ich schreibe diese Zeilen.

---

4 Die Schauspieler des Theaters haben während der Proteste gestreikt.

5 Sergej Tschalyj ist ein belarussischer Ökonom, Analyst und Journalist. Autor und Moderator der Sendung »Wirtschaft an den Fingern« (so wie »Wirtschaft für Anfänger«), die seit dem 17. Februar 2011 (bis zur Schließung des Portals im Frühjahr 2021) auf dem größten belarussischen Internetportal tut.by zu finden war. Im Moment kommentiert er aktiv die belarussische staatliche Wirtschaft und Lukaschenkos Verhalten auf dem Internetportal Belsat. Er hat auch seinen eigenen YouTube-Kanal.

ЛЮБОВЬ

Там, где не пахнет ни миррой, ни ладаном,
Там, где дверь выбивают прикладами,
Там, где пылает в полнеба заря, –
Там мы стояли, друзей потеряв.

...Все повторяется снова по кругу:
Бой и потеря лучшего друга.
И снова вонзается горячо
Осколок ненависти в плечо.

...Я когда-нибудь, может, пойму
Это время в крови и дыму...

LJUBOW

Dort, wo es weder nach Myrrhe noch nach Weihrauch duftet,
Dort, wo Türen vor Gewehren nicht schützen,
Dort, wo die Dämmerung den Himmel in Flammen setzt,
Dort standen wir, als unsere Freunde von uns gingen.

… alles wiederholt sich in diesem Teufelskreis:
Kampf und Verlust gehen Hand in Hand.
Und spürbar tief und glühend heiß
Dringt der Splitter des Hasses unter die Haut.

… eines Tages, vielleicht, verstehe ich sie auch,
Diese Zeit voller Blut und voller Rauch …

КАТРИН ШУЛЬГАН

1 СЕНТЯБРЯ

Рано утром, приехав к университету, начали собирать подписи под петицией. Почти сразу вышла женщина и пригрозила милицией. Мы ответили, что ничего не нарушаем, она удалилась. Затем вышел мужчина и спокойно попросил отойти за территорию университета. Мы стали за шлагбаум. Снова вышел этот мужчина, но на этот раз прихватил с собой еще двух мужчин. Мы перешли дорогу и остановились у кафе, все это время они шли за нами. Мы высказали свои аргументы и претензии: мы не находились на территории университета, никого не принуждали, и если бы не было фальсификаций, то мы бы здесь не стояли. Пошли за кофе, один из мужчин зашел даже в кофейню, чтобы проверить, что мы делаем. Затем вышел проректор, но к нам подойти не соизволил.

Вышли через дорогу от университета на цепочку солидарности. Нас было человек 10, простояли мы 10 минут. Затем темно-серый минивэн, тихари в масках и команда «работаем». Мы бросились врассыпную во дворы. Бежали далеко и быстро. Отдышавшись, понимаем, что тихари похитили девушку и парня. С большой долей вероятности именно кто-то из администрации вуза вызвал на нас милицию.

Нас стало больше, и мы поехали к пятому корпусу. Присоединились к их цепочке. Спустя пять минут снова были замечены тихари. Поэтому мы добежали до студентов БГУ и стали в большую цепочку вдоль проспекта Независимости.

KATRIN SCHULGAN

1. SEPTEMBER

Früh am Morgen machten wir uns daran, vor der Uni Unterschriften für eine Petition zu sammeln. Fast sofort kam eine Frau heraus und drohte uns mit der Polizei. Wir entgegneten, wir würden nichts Verbotenes tun, und sie entfernte sich wieder. Danach kam ein Mann und bat uns ruhig, das Universitätsgelände zu verlassen. Wir stellten uns hinter die Schranke. Derselbe Mann kam wieder raus, diesmal mit zwei weiteren im Schlepptau. Wir gingen über die Straße und stellten uns vor ein Café, die Männer waren uns die ganze Zeit gefolgt. Wir argumentierten und beschwerten uns: Wir befinden uns nicht auf dem Universitätsgelände, wir zwingen niemandem etwas auf und wenn es keine Wahlfälschungen gegeben hätte, würden wir hier gar nicht stehen. Wir holten Kaffee, einer der Männer folgte uns sogar ins Lokal, um zu überprüfen, was wir taten. Dann kam der Prorektor heraus, ließ sich aber nicht dazu herab, mit uns zu reden.

Auf der anderen Straßenseite von der Uni bildeten wir eine Solidaritätskette. Wir waren um die zehn Leute, so standen wir zehn Minuten da. Dann kann ein dunkelgrauer Minivan – Tichari[1] in Sturmhauben und mit dem Befehl: »An die Arbeit!« Wir preschten in die Innenhöfe auseinander. Wir rannten weit und schnell. Als wir wieder Luft hatten, merkten wir, dass die Tichari eine junge Frau und einen jungen Mann entführt hatten. Höchstwahrscheinlich hatte jemand von der Univerwaltung die Polizei gerufen.

---

1 Tichari (von russ. ticho, still, leise) sind Polizisten in Zivil

Милиционер, рупор, камера – стандартный набор митинга. Подъехал автобус с ОМОНом. Мы убежали.

Дождались всех, кто хотел присоединиться, и выдвинулись окольными путями вызволять студентов МГЛУ, по дороге собирая студентов других вузов и скандируя «Далучайся». Кстати, это мы начали кричать «Саня, ты отчислен!»

Атмосфера была замечательная. Нас много! И чем дольше мы шли, тем больше нас становилось.

Все было спокойно. Уже на Козлова появилось три буса, которые немного обгоняли колонну, останавливались, затем снова обгоняли. Но нас это не напугало. Мы стали в сцепки и продолжили свой путь. Появилась также «медицинская служба» (не путать со скорой!).

А сколько людей нас приветствовало! Все наблюдали за нами и радовались такой смелой молодежи.

Wir waren mehr geworden, also fuhren wir zu Gebäude Fünf der Universität. Dort schlossen wir uns einer Kette von Studierenden an. Nach fünf Minuten sahen wir schon wieder Tichari. Wir rannten zu den Studierenden der BGU und bildeten zusammen eine lange Kette am Prospekt der Unabhängigkeit. Polizist, Lautsprecher, Kamera – die Grundausstattung einer jeden belarussischen Demo. Es kam ein Bus mit Sicherheitskräften. Wir rannten wieder weg.

Wir warteten, bis alle da waren, die sich uns anschließen wollten, und zogen über Schleichwege los, um die Studierenden der MGLU zu befreien. Unterwegs versammelten wir immer mehr Leute von anderen Unis, wir skandierten »Dalutschaisja[2]!« Es waren übrigens wir, die als erstes »Sascha, du bist exmatrikuliert!« gerufen haben.

Die Atmosphäre war großartig. Wir waren viele! Und je länger wir marschierten, desto mehr wurden wir.

Alles war ruhig. Aber schon an der Uliza Koslowa tauchten drei Busse auf, die unsere Kolonne immer etwas überholten, stehen blieben und dann wieder etwas überholten. Außerdem tauchte ein Wagen mit der Aufschrift »Medizinischer Dienst« auf (nicht zu verwechseln mit der Ersten Hilfe). Aber uns machte das keine Angst. Hin und wieder blieben wir stehen und hakten uns ineinander, dann gingen wir weiter. Da waren so viele Menschen, die uns zuwinkten! Alle sahen uns an und freuten sich über die mutige Jugend.

---

2 Dalutschaisja (bel. Schließ dich an!)

КАТРИН ШУЛЬГАН

СУББОТА – ЖЕНСКИЙ ДЕНЬ (А НЕ ТОЛЬКО 8 МАРТА)

Все собирались на площади Свободы. Но я, как обычно, опоздала минут на 20. К тому моменту некоторых девушек задержали, а оставшиеся пошли колонной через Немигу к Троицкому предместью. Там мы к ним и присоединились.

И снова много прекрасных девушек, креативных плакатов, хорошего настроения и уверенности в победе.

Девушки выходили на дорогу, становились цепочкой и преграждали путь водителям, чтобы все девушки успели перейти. Водители сигналили в знак солидарности. Приехали машины гаишников и говорили о том, что здесь нельзя переходить. Но у нас не было выбора.

Пройдя метров 100, мы увидели такую картину: тихари вытаскивают из машины водителя за то, что он не поехал на зеленый, чтобы не сбить девушек, которые переходили дорогу сплошной колонной на красный. Девушки начинают окружать бус и просить выпустить похищенного. Но приехало еще несколько бусов. Мы перебежали дорогу и стали в сцепку, второй ряд сцепки держал нас, первый. Бусы уехали, но иногда проезжали мимо нас без остановки.

Прошли вдоль парка Я. Купалы и свернули на проспект. И только там я осознала масштаб марша. Людей было очень много. Помню момент, когда проходили мимо площади

KATRIN SCHULGAN

SAMSTAG IST FRAUENTAG (NICHT NUR AM 8. MÄRZ)

Alle versammelten sich auf dem Swoboda Platz. Doch ich war wie immer 20 Minuten zu spät dran. Kurz darauf wurden einige Frauen aufgehalten, der Rest ging in einer Kolonne über die Nemiga in Richtung Troitskoe predmestje. Dort stießen wir wieder zu ihnen.

Es waren erneut viele wunderbare junge Frauen da, mit kreativen Plakaten und guter Laune, überzeugt, dass wir gewinnen würden.

Die Frauen betraten die Straße, bildeten eine Kette und versperrten den Autos den Weg, damit alle die Straße überqueren konnten. Die Autofahrer hupten zum Zeichen ihrer Solidarität. Die Verkehrspolizei kam angefahren und sagte, dass das Überqueren an dieser Stelle verboten sei. Wir hatten jedoch keine Wahl.

100 Meter weiter bot sich uns folgendes Bild: Die Tichari-Schlägertrupps zerren einen Fahrer aus dem Auto, weil er bei Grün stehengeblieben ist, um die Frauen nicht umzufahren, die die Straße als geschlossene Kolonne bei Rot überquerten. Die Frauen stellen sich im Kreis um den Bus und fordern sie auf, den Gefangenen freizulassen. Stattdessen kamen jedoch noch mehr Busse angefahren. Wir rannten über die Straße und bildeten Menschenketten, wobei die zweite Reihe uns, die in der ersten Reihe standen, hielt. Die Busse fuhren weg, von Zeit zu Zeit kamen sie aber wieder an uns vorbei ohne anzuhalten.

Aus dem Russischen von Marie Alpermann

Победы, которая была огорожена (за ограждением стояли милиционеры), нам предлагали скандировать «Милиция с народом!», но это предложение не получило большой поддержки, люди кричали недолго и негромко. А уже дома я смотрела новости, и там было видео, где в том же месте проходили люди и скандировали «Позор!». И хоть я всегда считала, что зло можно победить добром, а насилие – любовью, сейчас мне ближе второй вариант отношения к сотрудникам милиции.

Дошли до БНТУ. Перешли дорогу и начали возвращаться. Спустились в метро на площадь Победы и до Купаловской скандировали «до завтра!», «Жыве Беларусь!». Еще от всей души громко кричали «Беларусы, вы неверагодныя!»

Wir liefen durch den Park Janka Kupala und bogen zum Prospekt ab. Erst dort begriff ich, wie groß unser Demonstrationszug war. Es waren richtig viele Menschen. Mir ist besonders der Moment in Erinnerung geblieben, als wir über den Pobeda Platz gingen, er war eingezäunt und hinter den Gittern standen Milizionäre. Es wurde vorgeschlagen, »Miliz für das Volk« zu skandieren. Dieser Vorschlag fand jedoch nicht viel Unterstützung, die Leute riefen es nur kurz und nicht laut. Zu Hause sah ich dann in den Nachrichten ein Video, in dem am gleichen Ort Leute vorbeikamen und »Pozor!«, »Schande!« schrien. Und obwohl ich immer der Meinung gewesen war, das Böse könne mit Gutem, und Gewalt mit Liebe besiegt werden, ist mir die zweite Einstellung gegenüber den Mitarbeitern der Miliz gerade näher.

Wir liefen bis zur Belarussischen Technischen Universität. Dort überquerten wir die Straße und machten uns auf den Rückweg. Am Pobeda Platz stiegen wir in die Metro und skandierten bis zur Station Kupalowskaja »Bis morgen«, »Es lebe Belarus«. Außerdem schrien wir aus Leibeskräften und von ganzem Herzen: »Belarussen, ihr seid unglaublich!«

ІВАНКА ІВАШКОВА

Паколькі адчуваю незадаволенасць тым, што не ўдзельнічала ва ўчорашнім маршы, вырашаю ісці ў панядзелак на марш пенсіянераў, іх пакуль не чапаюць, хоць і травяць газам і перцам. Тым больш што я была на лецішчы і ў старшыні таварыства сустрэла даму-заўзятарку пенсіянерскіх маршаў. Яна распавяла пра маршы па панядзелках.

Надзяваю ўсе амулеты, абярэгі, сцяг – у штаны. Сядаю на маршрутку, еду да Чырвонага касцела – менавіта там сустракаюцца пенсіянеры. Ва ўсёй маршрутцы амаль адны сталыя асобы і нейкая асаблівая атмасфера: згадваю трамваі падчас летніх маршаў. Наперадзе дзве сяброўкі, адна з другой сустракаюцца на розных прыпынках. Пытаюся: «А вы выпадкова не да касцёла?» – «Так.» – «Ну то я з вамі!» Да нас далучаецца яшчэ адна дама гадоў 60–65, кульгавая, з кіёчкам. Нехта прапануе выйсці ля ГУМа, другія супярэчваюць: «Рана! Выйдзем на плошчы Незалежнасці». На плошчы на прыпынку стаіць міліцыянер, нікога не выпускае з маршруткі. Кульгавая прарываецца ўперад, качае правы: «Я калека, мне цяжка хадзіць, пусціце сысці!» Не пускаюць. Едзем далей на Маскоўскую, на плошчы бачым багата людзей і міліцэйскі кардон (не АМАП) і жалезныя заслоны. Сыходзім на Маскоўскай, крочым на плошчу Мяснікова, каб праз Мінфін і Педуніверсітэт прайсці на плошчу – але там усё агароджана і стаяць аўтазакі. Пакуль шпацыруем, кульгавая распавядае, як паездзіла з дачкой у аўтазаку, але да РУУС не даехала – не хапіла месца, калі іх перасаджвалі з аднаго аўтазака ў другі. (Дагэтуль не разумею – навошта перасаджваць? Навошта заўседы тусаваць людзей з Акрэсціна – на Жодзіна – на

IWANKA IWASCHKOWA

Da ich unzufrieden mit mir bin, weil ich nicht auf der gestrigen Kundgebung war, beschließe ich, am Montag zur Kundgebung der Rentner zu gehen – die werden noch nicht festgenommen, aber schon mit Tränengas schikaniert. In unserer Datschensiedlung habe ich beim Vorsitzenden der Vereinigung eine Anhängerin der Rentnerkundgebungen getroffen. Sie hat mir davon erzählt.

Ich lege alle Amulette und Talismane an, die Fahne kommt in die Hose. Ich nehme die Marschrutka und fahre zur Roten Kirche – dort treffen sich die Rentner. In der Marschrutka sind fast nur ältere Menschen, es herrscht eine besondere Atmosphäre, sie erinnert an die Straßenbahnen während der Sommerkundgebungen. Vorn sind zwei Freundinnen, sie sind an verschiedenen Haltestellen eingestiegen. Ich frage: »Fahrt ihr zufällig zur Kirche?« – »Ja.« – »Na dann komme ich mit!« Eine Frau Anfang/Mitte sechzig schließt sich uns an, sie lahmt und geht am Stock. Irgendwer schlägt vor, am GUM auszusteigen, die anderen sind dagegen: »Zu früh! Wir steigen am Platz der Unabhängigkeit aus.« Dort steht an der Haltestelle ein Milizionär, er lässt niemanden raus. Die Lahme drängt sich entschlossen nach vorn: »Ich bin gehbehindert, lassen Sie mich raus!« Sie darf nicht aussteigen. Wir fahren weiter bis zur Maskouskaja, auf dem Platz sind viele Menschen zu sehen, eine Absperrung der Miliz (nicht der Spezialeinheiten) und eine Wand aus Metallschilden. Wir steigen aus, gehen zum Mjasnikou-Platz, um am Finanzministerium und der Pädagogischen Universität vorbei auf den Platz zu gelangen – aber dort ist alles abgesperrt und Gefangenentransporter stehen bereit. Während wir rumlaufen, erzählt die

Магілёў – на яшчэ якую трасцу? Ну ў апошні дзень ці перад днем перадач зразумела: каб сваякі не сустрэлі, каб не перадалі перадачы.) Збочваем на вуліцу Мяснікова – Гарадцкі Вал – выходзім на пражпект і бачым наперадзе хвост калоны. Я бягу да калоны, дамы здзекліва адзначаюць: вунь ціхароў колькі стаіць з камерамі! І праўда, а я не звярнула ўвагі. Праціскаюся ў сярэдзіну, дастаю сцяг. Натоўп крычыць лозунгі, тыя ж, што і па нядзелях, але слабымі, кволымі галасамі. З магазінаў і кафэ павыходзілі працаўнікі, хто падтрымлівае, хто проста стаіць. У вачах адной дзяўчыны бачу такую бездань пачуццяў! У яе нават слёзы на вачах. Але ж мне не зразумела: ці то яна захапляецца, ці то гэта роспач ад таго, что мы жахліва памыляемся? Дагэтуль шкадую, што не спытала. Каля КДБ кволыя галасы крычаць: «Караева пад суд!» – хоць ужо даўно не Караеў, а нашмат болей людажэрная асоба.

Хоць у ТГ давалі парады: на светлафоры не супыняцца, у падземны пераход не сыходзіць – калона спускаецца ля ГУМа па прыступках. На прыступках стаіць дзед у парадным воінскім мундзіры, з планкамі, з узнагародамі, і дзержыць руку, каб з ім усе віталіся. Б'ю яму па далоні і баюся, што ён пахіснецца і зваліцца, хоць яго падрымлівае пад локаць нехта маладзейшы, – дзеду не меньш за 90 гадоў. На Кастрычніцкай плошчы некаторыя ідуць сварыцца з ціхарамі. Ціхары маладыя, здымаюць на камеру, нахабна лезучы ў твар. Наперадзе, на перакрыжаванні з вуліцай Янкі Купалы, бачым ланцуг АМАПу ў скафандрах. А-ёй! Тут на 80% людзей – дзьмухни – яны паваляцца! Калона збочвае налева да Опернага, але там адбываецца нейкі рух. Частка калоны паварочвае назад, узыходзіць на прыступкі ля Палацу

Lahme, wie sie mit ihrer Tochter in einem Gefangenentransporter fuhr, aber nicht auf dem Revier ankam – es gab nicht genug Platz, als sie in einen anderen Transporter umsteigen mussten. (Bis dahin hatte sie nicht verstanden, was das sollte. Wozu die Menschen ständig neu verteilt wurden, von einem Gefängnis zum anderen – von Akreszina nach Schodsina nach Mahiljou – und sonst wohin. Aber am letzten Tag bzw. am Tag vor der Übergabe wurde ihr klar: Damit die Angehörigen niemanden treffen, nichts übergeben konnten.) Wir biegen in die Mjasnikou-Straße ein – Haradski wal – kommen auf den Prospekt und sehen vorn das Ende des Zuges. Ich laufe dem Zug hinterher, die Frauen bemerken spöttisch: »Da, die vielen Spitzel mit ihren Kameras!« Tatsächlich, das war mir nicht aufgefallen. Ich schiebe mich in die Mitte durch und hole die Fahne hervor. Die Menge ruft Losungen, dieselben wie sonntags, aber mit schwächlichen Stimmen. Aus den Geschäften und Cafés sind die Angestellten herausgekommen, manche äußern Zustimmung, andere stehen einfach nur da. In den Augen einer jungen Frau sehe ich so starke Gefühle! Sie hat sogar Tränen in den Augen. Aber mir ist nicht klar, ob sie so ergriffen ist oder ob das die Verzweiflung ist, weil wir uns schrecklich irren. Ich bedaure immer noch, dass ich nicht gefragt habe. Beim KGB rufen die schwächlichen Stimmen: »Karajeu vors Gericht!«, obwohl Karajeu da schon längst nicht mehr ist, sondern eine viel blutrünstigere Person.

Obwohl auf Telegram geraten wurde, nicht an den Ampeln stehenzubleiben und die Unterführungen zu meiden, geht der Zug beim GUM die Stufen hinunter. Auf der Treppe steht ein alter Mann in Paradeuniform, mit Orden und Medaillen, und streckt seine Hand aus, um alle zu begrüßen. Ich schlage gegen seine Hand und fürchte schon, dass er gleich umfällt, obwohl er von

Прафсаюзаў, я таксама. Іду праз Палац Рэспублікі, Інтэрнацыянальную, Журавінку , на Купалы сустаркаю частку калоны, далучаюся. Побач хутка шпацыруе, мабыць, журналіст, малады, з прафесійнай камерай, хутка здымае. Камізэлька «ПРЭСА» ўжо неактуальна, за яе садзяць – і надоўга. Даходзім да Опернага, але цяжка перайсці дарогу: калі запальваецца чырвонае святло, калона прыпыняецца, бо побач стаяць машыны (не ДАІ, а «Страла!») і праз рупар манатонна гавораць: «Не парушаем правілы дарожнага руху!» А пенсіянеры – яны паслухмяныя, – гэта не маладняк па нядзелях. Тыя хоць і супыняюцца на светлафоры, але адчуваюць, калі гэтага рабіць не трэба. Ля Опернага пенсіянеры абкружаюць дзяўчыну і пытаюцца: куды ім ісці, хай яна паглядзіць у ТГ. Дзяўчына тлумачыць, што ў ТГ не даюць парад, а апісваюць падзеі…. Па Янкі Купалы тым часам едуць аўтазакі і бусы. Няміга перакрыта. (Навошта? – Вось гэтыя сівыя дзяды і кабеты возьмуць прыступам АГЛ ў рэзідэнцыі?) Невялікі натоўп разгублена стаіць ля Опернага. Я вырашаю – сваю грамадзянскую пазіцыю на сёння мы праявілі, можна сыходзіць, – і паціху іду ў бок «Белай Вежы» па Багдановіча. Пакуль я шпацыравала па Багдановіча, да Опернага прыбеглі амапаўцы і папужалі маіх дзядуль з бабулямі, а частка іх навакольнымі сцяжынкамі пайшла не да Опернага, а прыйшла на плошчу Якуба Коласа, дзе ў іх пастаянны збор па панядзелкам: танцы, песні, валянтэры прыносяць прысмакі з гарбатай, фотасесія, – і потым кіроўцы па прызыву ТГ-каналаў развозяць іх па раёнах дадому.

23.11.2020

einem Jüngeren gestützt wird – der alte Mann ist mindestens neunzig. Auf dem Oktoberplatz legen sich einige mit den Spitzeln an. Die Spitzel sind jung, sie filmen, gehen dreist ganz nah ans Gesicht. Vorn an der Kreuzung mit der Janka-Kupala-Straße sehe ich eine Kette der Spezialeinheiten in Schutzanzügen. Oje! Achtzig Prozent der Menschen hier braucht man doch bloß anzupusten und sie fallen um. Der Zug biegt nach links zur Oper ab, aber dort ist irgendwas los. Ein Teil des Zuges kehrt um, geht die Treppe beim Gewerkschaftspalast hoch, ich auch. Ich gehe am Palast der Republik vorbei, die Internationale und die Schurawinka-Straße entlang, auf der Kupala treffe ich einen Teil des Zuges und schließe mich an. Neben uns läuft schnell ein junger Mann mit einer professionellen Kamera, wahrscheinlich ein Journalist. Die PRESSE-Weste trägt keiner mehr, dafür wird man eingesperrt – und zwar lange. Wir kommen zur Oper, aber es ist schwer, die Straße zu überqueren: Als die Ampel auf Rot springt, hält der Zug, da stehen Wagen der Miliz (die modernste Technik) und aus dem Megafon schallt es monoton: »Beachten Sie die Straßenverkehrsordnung!« Und die Rentner sind folgsam, nicht wie die jungen Leute an den Sonntagen. Die bleiben zwar auch an den Ampeln stehen, merken aber, wenn sie das besser nicht tun sollten. Bei der Oper umringen die Rentner eine junge Frau und fragen, wo sie jetzt am besten langgehen, sie soll doch mal auf Telegram nachsehen. Die junge Frau erklärt, dass auf Telegram keine Ratschläge gegeben werden, sondern über das Geschehen berichtet wird … Derweil fahren Gefangenentransporter und Busse die Janka Kupala entlang. Die Njamiha ist abgesperrt. (Wozu? Weil diese grauhaarigen Damen und Herren Lukaschenkas Residenz stürmen könnten?) Eine kleine Menschenmenge steht verloren an der Oper. Ich beschließe, dass wir unsere Position für heute bekundet haben

und uns verabschieden können und gehe langsam die Badanowitsch entlang in Richtung »Weißer Turm«. Währenddessen sind Spezialkräfte zur Oper gelaufen und haben die alten Leute erschreckt, aber ein Teil von ihnen ist nicht zur Oper gegangen, sondern auf Umwegen zum Jakub-Kolas-Platz, wo sie sich montags immer treffen: Tanz und Gesang, Freiwillige verteilen Tee und Süßigkeiten, Fototermin, dann bringen Fahrer sie nach einem Aufruf über Telegram nach Hause.

23.11.2020

АЛЕКСАНДРА ИВАНОВА

ВОСКРЕСЕНЬЕ

Мы идем с тобой без цели, просто идем за всеми. Ледяной ветер неистово треплет мне волосы, и они прилипают к красным, в цвет кожаной куртки, губам. Холодно и неприятно. Я прижалась к тебе. Ты налегке. Наверное, ты к чему-то готовился? Мне неспокойно.

Небо темнеет. Ветер все яростнее. Вокруг гул, не разобрать ни слова. Мы как в маленькой лодке посреди ревущего океана, и нас вот-вот накроет волна. Две одинокие души против всепоглощающей силы. Что мы вообще можем?

Сердце отплясывает сбивчатый ритм. Ты выглядишь очень решительным – я растерянно. Что ты хочешь доказать? А я? И кому?

Взгляд падает на колонну подъезжающих черно-серых машин. Ты знаешь, что это значит. Твои руки напряглись, я сильнее прижалась к тебе. Сейчас обрушится.

Из открытых дверей выпрыгивают люди в черной форме. Первая группа. Вторая. Третья. Они множатся в геометрической прогрессии, как раковые клетки, и их целевой орган – мы все.

Эта черная масса начинает технично распространяться по заданным направлениям, разбивая бело-красный поток. Еще минута, и они будут рядом.

ALEXANDRA IWANOWA

SONNTAG

Du und ich, wir laufen ohne Ziel, einfach allen hinterher. Ein eisiger Wind zaust heftig meine Haare, sie kleben mir an den Lippen, rot wie meine Lederjacke. Es ist kalt und unangenehm. Ich drücke mich an dich. Du bist unbeschwert. Innerlich offenbar eingestellt auf irgendetwas. Ich bin angespannt.

Der Himmel wird dunkler. Der Wind immer heftiger. Rundum Rauschen und Stimmengewirr, man versteht sein eigenes Wort nicht. Es ist, als trieben wir in einem kleinen Boot mitten im tosenden Meer und könnten im nächsten Moment von einer Welle überrollt werden. Zwei einsame Seelen gegen eine alles verschlingende Macht. Was können wir überhaupt tun?

Mein Herz pocht in einem stolpernden Rhythmus. Du siehst sehr entschlossen aus – ich bin durcheinander. Was willst du beweisen? Und ich? Und wem eigentlich?

Mein Blick fällt auf eine Kolonne näherkommender schwarzgrauer Wagen. Du weißt, was das bedeutet. Deine Hände spannen sich an, ich drücke mich noch stärker an dich. Gleich bricht es über uns herein.

Aus den offenen Wagentüren springen Männer in schwarzen Uniformen. Der erste Trupp. Der zweite. Der dritte. Sie vermehren sich exponentiell wie Krebszellen, und wir alle sind ihr Zielorgan.

Aus dem Russischen von Beate Rausch

Люди вокруг начинают бежать. Я хочу бежать вместе с ними. Я не хочу в черную массу. Пожалуйста, давай убежим? Но ты замедлил шаг и сильнее прижал мою руку к себе. Мы не будем убегать.

Я слышу сзади топот тяжелых ботинок. Ну, вот и все, это конец. Сейчас эта волна нас унесет. Я закрыла глаза.

– Даже неинтересно, когда они не убегают, да? – послышалось сзади.

Я открыла глаза. Все вокруг стало еще темнее. Фигуры в черном, как будто не замечая нас, выхватывают бегущих людей рядом. А вот четверо крепких ребят проносят рядом, держа за руки и ноги, мужчину. Он громче всех кричал: «Люди, не бегите!» Пять минут, и они возвращаются к своим машинам. Охота удалась?

Все затихло. Слышу приятый шорох шин отъезжающих черно-серых машин.

– Почему мы не побежали? – взорвалась я, давая ход страху и волнению.
– Никогда не беги от собаки, – спокойно ответил ты. – Это их еще больше дразнит.

Твое спокойствие заразительно. Мы продолжаем идти вместе со всеми, но теперь у меня есть цель.

Diese schwarze Masse beginnt sich strategisch in vorgegebene Richtungen zu verteilen und so den weiß-roten Menschenstrom zu spalten. Noch eine Minute, und sie sind bei uns.

Die Menschen um uns herum rennen los. Ich will mit ihnen rennen. Ich will nicht in diese schwarze Masse geraten. Bitte, lass uns weglaufen. Aber du verlangsamst deinen Schritt und drückst meine Hand nur stärker an dich. Wir werden nicht davonlaufen.

Hinter mir höre ich das Stampfen schwerer Stiefel. Das war's, das ist das Ende. Gleich trägt uns diese Welle fort. Ich schließe die Augen.

»Macht doch keinen Spaß, wenn die nicht wegrennen, oder?«, höre ich hinter mir jemanden sagen.

Ich öffne die Augen. Alles um mich herum ist noch dunkler geworden. Gestalten in Schwarz, als bemerkten sie uns gar nicht, picken rennende Menschen neben uns heraus. Und da, vier starke Typen schleppen einen Mann an Armen und Beinen direkt an uns vorbei. Er schreit aus Leibeskräften: »Leute, rennt nicht weg!« Fünf Minuten später sind die Männer in Schwarz wieder bei ihren Wagen. War die Jagd erfolgreich?

Plötzlich ist es ganz still geworden. Erleichtert höre ich das Reifenknirschen der davonfahrenden schwarz-grauen Wagen.

»Warum sind wir nicht weggerannt?«, schreie ich wütend los, Angst und Aufregung freien Lauf lassend.

»Renn nie vor Hunden weg«, antwortest du ruhig. »Das reizt sie bloß noch mehr.«

Deine Ruhe ist ansteckend. Wir laufen mit allen andern weiter, doch jetzt habe ich ein Ziel.

ЯН МЕНСКИ

Утром
Каждого дня новость
Будто кривого зеркала
Черный отблеск.

Задержан.
Задержана.
Обыск.

Если не пойман -
Объявлен
В розыск:

Врач.
Бизнесмен.
Программист.
Чиновник.
Рабочий.
Спортсмен.

Преподаватель.
Ученый.
Школьник.
Студент.

Художник.
Бариста.
Писатель.
Строитель.

JAN MENSKI

Am Morgen
Die Nachrichten des Tages
wie der schwarze Schimmer
eines Zerrspiegels.

Festgenommen.
Inhaftiert.
Durchsucht.

Wer nicht gefasst wird –
Steckbrieflich
Gesucht:

Ein Arzt.
Ein Geschäftsmann.
Ein Dichter.
Beamter.
Ein Schüler.
Student.

Ein Lehrer.
Barista.
Künstler.
Werbeagent.

Chauffeur.
Ingenieur.
Volontär.
Diplomat.

Шахтер.

Поэт.
Музыкант.
Рекламист.
Журналист.
Актер.

Домохозяйка.
Банкир.
Юрист.
Дипломат.

Фермер.
Священник.
Таксист.
Волонтер.
Адвокат.

Список открытого типа
Думающих иначе.

Искренних.
Настоящих.

Реакция на протесты:
Аресты…
Побои…
Снова аресты…

Eine Arbeiterin.

Ein Schriftsteller.
Musiker.
Sportler.
Friseur.
Eine Anwältin.

Hausfrau.
Bänker.
Schauspieler.
Journalist.

Landwirt.
Priester.
Bergmann.
Koch.
Jurist.

Eine offene Liste von Menschen,
die anders denken.

Der Aufrichtigen.
Wahrhaftigen.

Reaktion auf die Proteste:
Verhaftungen …
Gewalt …
Und wieder Verhaftungen …

Aus dem Russischen von Henriette Reisner

Словно заело звук
Механической пьесы.

Провокации.
Оговоры.
Доносы.

Как куски потухшего мяса
Лжеинформации
Каждодневные вбросы.

В телевизионные сети,
Как в клети.

Жрите.

Досрочный следователь.
Безликий свидетель.
Говорящая мантия.

Приговор:
Сутки – взрослым.
Опека – их детям.

Но потом
каждый вечер
Загораются свечи.

В окнах, дворах домов,
В глазах и душах.

Wie der unaufhörliche Laut
eines mechanischen Stücks.

Provokationen.
Verleumdungen.
Denunziationen.

Wie Stücke toten Fleischs –
Fehlinformationen
Falschmeldungen täglich.

Im Fernsehen,
Wie im Käfig.

Fresst.

Ein vorschneller Untersuchungsrichter.
Ein gesichtsloser Zeuge.
Eine sprechende Robe.

Das Urteil:
Die Eltern über Nacht in Haft.
Ihre Kinder – in Pflegschaft.

Doch dann,
Jeden Abend
Erstrahlen Kerzen.

In den Fenstern, den Hinterhöfen,
In den Augen und Seelen.

Чтобы увидели люди,
Свободные от испуга,
Друг друга,

Проснувшиеся этим летом,
Сливаясь в потоке тысячном
Сквозь мрак этот вместе идущие

К рассвету.

Damit die Menschen,
Frei von Angst,
Einander erkennen,

Aufgewacht in diesem Sommer,
Vereint im Strom mit Tausenden
Durch diese Finsternis gemeinsam

Einem Morgen entgegen.

ЯН МЕНСКИ

Здравствуй, Ева.
Не спрашиваю как дела.
Я же знаю ответа слова –
Они в рамках одного уголовного дела.

Тебя взяли одной из первых.
Беспардонно. Надменно. Подло.
Открыв ящик Пандоры бездонный.
И счет жизней, судеб и нервов.

Как у нас?
Знаешь... Больно.
Неистово, голо.
Так бывает, похоже, в аду.

Происходит все, будто в бреду.
В непридуманном Данте
Кругу.

Знаешь, Ева, Ты там держись!
Также гордо. Скрестив руки.
Мы дойдем до конца этой муки.
Чтобы честно, свободно жить.

Давай сверим – наступит час.
Мы с тобой, хоть и мало знакомы,
Ева, встретимся очень скоро,

JAN MENSKI

Sei gegrüßt, Ewa.
Ich frage nicht, wie es Dir geht.
Denn ich kenne die Antwort darauf.
Sie bewegt sich im Rahmen einer gewissen Strafsache.

Dich holten sie als eine der Ersten.
Gnadenlos. Hochmütig. Schamlos.
Sie öffneten die bodenlose Büchse der Pandora.
Und die Liste der Leben, Schicksale und Nerven.

Wie es uns geht?
Was soll ich sagen… Es tut weh.
Manchmal packt einen die nackte Wut.
So ist es vermutlich in der Hölle.

Alles geschieht wie in einem Fieberwahn.
Schlimmer als in Dantes Inferno.

Weißt du, Ewa, halte durch!
Sei stolz. Mit verschränkten Armen.
Wir werden das Ende dieser Qual erreichen.
Um ehrlich und frei zu leben.

Lass uns die Uhr stellen, die Stunde wird kommen.
Und auch wenn wir uns nicht gut kennen,
Ewa, werden wir uns sehr bald treffen,

Возможно,

Когда каждый из нас,
Не договариваясь,
Придет на показ

В Галерею Свободы.

Каждый,
Кто, как и Ты, свободен.

Где от выставленных полотен
Отвести мы долго не сможем
Своих влажных от счастья глаз.

Vielleicht,

Wenn jeder von uns,
Ohne dass wir uns abgesprochen haben,
Zu einer Vorstellung kommt

In die Galerie der Freiheit.

Jeder,
Der, wie Du, frei ist.

Wo von den ausgestellten Bildern
wir lange nicht abwenden können
unsere vor Glück feuchten Augen.

РАМАН АБРАМЧУК

САВЕТНІК НЕХТЫ

Нас запіхваюць у апраметную на колах з таніраваным шклом. «Хм, а ў такім бусе я мог вазіць турыстаў», – праносіцца ў галаве. Але зараз тут выюць чэрці і енчаць людзі, то бок мы. Нас б'юць і пагражаюць, што будуць біць яшчэ мацней. Мы бачым толькі спартовыя нагавіцы ды красоўкі тых нашых катаў. Ва ўсіх адразу ж дастаюць тэлефоны і скроляць падпіскі тэлеграма. У аднаго хлопца знаходзяць дэанон нейкай даішніцы – яму дастаецца асабліва шмат. У мяне некалькі падпісак на каналы з дэанонам, і за кожны атрымліваю ўдар па галаве. І раптам мой кат трапляе на маё паведамленне ў рэдакцыю славутага канала з прапановай больш не збірацца на злыбядовай Стэле. «А, дык ты са Сцяпанам перапісваешся?! Эй, у нас тут саветнік Нехты!» – крычыць ён у цемрадзь апраметнай. «Пішы яму на лбе... не, на руцэ, маркерам!». Кат пачынае коўзаць маркерам мне на запясці: «САВЕ...», і нас прымагнічвае да Савецкага РУУСа, мабільная апраметная ідзе на стыкоўку з базай. У РУУСе заганяюць у падвал, ставяць да сценкі тварам у зямлю і зразаюць з нашага адзення ўсё, з чаго можна сплесці канат, каб вылезці назад на зямлю. «Крыжык пакінь», – кажу я нагам у міліцэйскіх бруках з лакіраванымі ботамі. Брукі нерухомеюць на імгненне – і з яшчэ большым імпэтам зразаюць матузок з распяццем, зрываюць з шыі і шпурляюць пад ногі да астатніх канфіскаваных рэчаў. Малітва не дапамагае. Бога ў Савецкім РУУСе няма. Але раптам ззаду падкатывае нейкі фаўн – на караценькіх ножках і нават без маскі. Кажа, маўляў, расслабся, малайчына, што на допыце праўду сказаў пра свае гулянні і

RAMAN ABRAMTSCHUK

DER INFORMANT VON NEXTA

Wir werden in eine Art Hölle gestoßen, sie fährt auf Rädern, hat getöntes Glas. »Tja, in so einem Bus könnte ich Touristen die Stadt zeigen«, geht es mir durch den Kopf. Aber jetzt heulen die Teufel und die Menschen stöhnen, das heißt: wir. Wir werden geschlagen, und man droht uns mit noch härteren Schlägen. Dann haben wir nur noch die Trainingshosen und Turnschuhe der Folterteufel vor Augen. Sie suchen sofort nach unseren Handys und scrollen in Telegram. Bei einem Kumpel finden sie eine Messengernachricht, in der er Informationen über eine Polizistin gepostet hat, auf ihn wird besonders hart eingeschlagen. Bei mir entdecken sie mehrere Messengerdienste und ich bekomme für jeden einen Schlag auf den Kopf. Einen Augenblick später stößt einer der Folterteufel auf meine Nachricht an die Redaktion von NEXTA, dem Nachrichtenkanal, mit der Warnung an die Protestierenden, sich nicht in Richtung sich der Heldenstadt-Stele zu begeben. »Wow, du schickst Nachrichten an Stepan?! Hey, hört mal, wir haben hier einen Informanten von NEXTA!«, brüllt er in die Dunkelheit der Unterwelt. »Schreib's ihm auf die Stirn, … nein, auf seine Hand – mit dem Marker …!« Einer der Folterknechte schreibt mit dem Marker auf meine Hand die Buchstaben: »INFOR…«, dann werden wir zum Polizeirevier des Sowjetski-Bezirks (in Minsk) transportiert, die mobile Hölle rollt zur Basisstation. Dort treibt man uns in den Keller, Gesicht zur Wand, schneidet uns alles von der Kleidung, woraus man Stricke flechten könnte, um auf die Erde zurückzukehren. »Lass das Kreuz«, sage ich zu den Füßen in Polizeihosen und Lackschuhen. Die Füße bleiben für einen Moment stehen,

Aus dem Belarussischen von Martina Jakobson

пра Бога не забыў, толькі вось скажы мне цяпер пароль ад свайго смартфона (бо села батарэйка) – адпушчу на волю. Камячуся, вярзу нешта накшталт «Забыў… мяняў аператара… трохі пазней узгадаю…». Але фаўн круціць хвосцікам, эхкае са шкадаваннем і распускаецца ў карчомным кумары… Малітва ізноў працуе, апраметная рассыпаецца, ног у спартовых трэніках – ужо не відаць, надыходзіць зямная ноч. Скамечаныя сцягі ў аўтазаку нагадваюць неахайна складзеныя парашуты ў салоне вучэбнага самалёта. Ідзем на пасадку.

daraufhin wird mir mit noch größerem Nachdruck die Kette mit dem Kruzifix durchtrennt, von meinem Hals gerissen und zu den restlichen beschlagnahmten Dingen auf den Boden geworfen. Gebete gelten hier nichts. Es gibt keinen Gott im Polizeirevier des Sowjetski-Bezirks. Plötzlich taucht hinter ihm ein Faun auf, kurze Beine und sogar ohne Maske. Er sagt zu mir »Entspann dich, du hast im Verhör die Wahrheit gesagt über deine ›Spaziergänge‹ und auch den lieben Gott nicht vergessen, jetzt sag mir nur noch die PIN deines Smartphones (der Akku war leer), dann kannst du gehen.« Ich winde mich: »Ich weiß grad nicht … hab das Handy gewechselt … fällt mir später ein …« Der Faun beginnt seinen Schwanz zu ringeln, ächzt und verschwindet …

Die Gebete haben doch eine Wirkung, die Hölle zerbröckelt, die Füße in den Trainingshosen sind kaum noch zu erkennen, die irdische Nacht senkt sich nieder. Unsere zerknitterten Fahnen im Reisebus ähneln achtlos zusammengelegten Fallschirmen in der Kabine eines Trainingsflugzeugs. Wir landen.

РАМАН АБРАМЧУК

КАНТРАБАНДЫСТЫ РАДАСЦІ

Яны прыляцелі ў адзін з апошніх дзён адсідкі – дзён, якія цягнуцца асабліва цягуча. «Што? Што не так?» – першая рэакцыя на птушыны шчэбет, які даносіцца з адтуліны бліжэй да столі, якая тут нахабна завецца вакном. Вакно жодзінскай камеры – гэта невялікая простакутная дзірка, закрытая а) пластыкавай фрамугай, б) кратамі, в) нейкім мутным таўшчэзным шклом, г) яшчэ аднымі кратамі. Праз «вакно» амаль немагчыма разгледзець, які дзень на дварэ – сонечны ці пахмурны. Але мы стараліся і разглядалі. І гэта было важнай інфармацыяй ва ўмовах татальнай адсутнасці прагулак. Зрэшты і прагулка – гэта адна фікцыя: з адной камеры вас выводзяць у іншую, толькі ў яе замест столі – краты, і можна бачыць неба... Сонца – не. Але можна ўбачыць яго адсветы на верхалінах бляшаных вадасцёкаў, што праступаюць жыламі на масіўным целе маркотных карпусоў. І гэта таксама істотна ва ўмовах батыскафнага пагружэння на многія суткі ў марыянска-жодзінскую западзіну... І вось раптам да нас, закатаных пад гэтыя слаі кратаў, бетону і мутнага шкла, выразна даносіцца птушынае шчабятанне. Без ксіваў, не звяртаючы ўвагу на ўсё жалеззе, на вышкі і ахову – захацелі ды прыляцелі. Бяззбройныя вестуны – селі дзесь на жалезны прут каля «вакна» і ўпэўнена штосьці нам перадаюць, паведамляюць. «Усё будзе добра! Дома ўсё добра!» Я, дыпламаваны гід-перакладчык, перакладаю сваім сукамернікам змест паведамлення. Мне не вераць. А я слухаю далей і расплываюся ў ідыёцкай усмешцы, каб схаваць слёзы. «Усё будзе добра, дома ўсё добра!» – звяртаюцца

RAMAN ABRAMTSCHUK

SCHMUGGLER DER FREUDE

Sie trafen an einem der letzten Tage der Haft ein, als die Zeit sich besonders hinzog. »Was? Stimmt was nicht?«, wunderten sie sich zunächst über das Vogelzwitschern aus dem Loch nahe der Decke, das unverschämterweise als »Fenster« bezeichnet wurde. Das »Fenster« der Gefängniszelle von Zhodino ist ein winziges, rechteckiges Loch, verschlossen durch: a) Querbalken aus Kunststoff b) ein Gitter c) ein trübes, dickes Fensterglas d) ein weiteres Gitter. Durch dieses »Fenster« konnte man unmöglich sehen, welches Wetter im Hof herrscht, ob es sonnig war oder bewölkt. Aber wenn wir uns anstrengten, erahnten wir es. Das war wichtig, weil es keine Spaziergänge gab. Der Spaziergang war reine Fiktion: Du wirst von einer Zelle in die andere gebracht, wo anstelle der Decke ein Gitter eingebaut ist, durch das du den Himmel sehen kannst. Die Sonne jedoch kannst du nicht sehen. Die siehst du nur als Spiegelung in den Regenrinnen, die wie Adern aus dem massigen Körper des düsteren Gebäudes hervortreten. Was unerlässlich ist, damit du die vielen Tage unter den Bedingungen des Mariana-Zhodina-Gefängnisses nicht in eine Depression verfällst. Und plötzlich ist durch die vielen Schichten aus Gitter, Beton und trübes Glas deutlich das Zwitschern der Vögel zu hören. Sie waren plötzlich da, das Eisen, die Türme und Wachen waren ihnen egal, sie kamen zu uns geflogen, weil ihnen danach zumute war, einfach so. Diese unbewaffneten Boten setzten sich einfach auf eine Eisenstange in der Nähe des »Fensters« und verkündeten: »Alles wird gut! Zu Hause ist alles gut!« Und ich, ein diplomierter Fremdenführer und Dolmetscher, übersetzte meinen Mitgefangenen was sie sagten.

Aus dem Belarussischen von Martina Jakobson

яны ўжо асабіста да мяне, які адзіны ў камеры чамусьці не атрымаў перадачу і месца сабе не знаходзіў другі дзень ад трывожных думак... Апошнія суткі прабеглі хутка.

лістапад 2020

Sie glaubten mir nicht. Ich hörte weiter zu und legte, um meine Tränen zu verbergen, ein idiotisches Lächeln auf. »Alles wird gut, zu Hause ist alles gut!«, zwitscherten sie allein mir zu, da ich der Einzige in dieser Zelle war, der kein Paket vom Zuhause bekommen hatte und daher seit Tagen in trüber Stimmung war … Die letzten Tage vergingen wie im Flug.

November 2020

ТОНИ ЛАШДЕН

ЧЕРНЫЙ КОСТЮМ

К пятнице я не спала уже три дня.

Я помню шум: глухой, низкий, как будто море гудело совсем рядом со мной. Чтобы услышать других людей, мне приходилось усилием воли концентрироваться на их словах. Но даже тогда речь казалась неразборчивой, зажеванной шумом. Я выхватывала отдельные реплики и по ним пыталась догадаться, о чем мы говорим.

Мы говорили о пытках, о превышении полномочий силовиков. Я слышала себя со стороны: нам нужно было связаться с международными организациями и посольствами, написать письма, разослать заявления. Я говорила и говорила, мой голос был твердым и уверенным, и я опиралась на него всем телом. Пока я говорила, я могла оставаться в этой беседе, я могла быть связанной с предметом нашего разговора. Мы говорили о пытках, о превышении полномочий силовиков.

(Мы говорили как людей запихивали в автозаки ломали им руки и ноги как их держали по двенадцать часов раздетыми как их били по лицу в живот по почкам оттаптывали пальцы ладони как с девушек сталкивали белье и избивали их дубинками а потом засовывали эти дубинки в рот как в людей стреляли как на них наезжали водометами мы пытались посчитать раненых и погибших мы говорили говорили говорили обо всем этом и параллельно я рисовала плакат чтобы пойти на марш)

TONI LASCHDEN

DER MANN IN SCHWARZ

Bis zum Freitag hatte ich bereits drei Tage nicht mehr geschlafen.

Ich erinnere mich an das Rauschen: dröhnend, tief, als grollte unmittelbar neben mir das Meer. Um zu begreifen, was andere Personen sagten, musste ich mich mit aller Kraft auf ihre Worte konzentrieren. Aber sogar dann war mir, als sei ihr Sprechen ein ungeordnetes, zerfasertes Rauschen. Einzelne Repliken hörte ich heraus und versuchte anhand ihrer zu erahnen, worüber wir sprachen.

Wir sprachen über Folter und den Machtmissbrauch seitens der Sicherheitskräfte. Ich hörte mich selbst sprechen, als sähe ich mich von außen: Wir sollten mit internationalen Organisationen und Botschaften Kontakt aufnehmen, Briefe schreiben, Anzeigen erstatten. Ich sprach und sprach, meine Stimme klang fest und überzeugend, sie war die Stütze, die meinen ganzer Körper trug. Solange ich sprach, war es mir möglich, der Unterhaltung zu folgen und den Bezug zum Gegenstand unseres Gesprächs nicht zu verlieren. Wir sprachen über Folter und den Machtmissbrauch seitens der Sicherheitskräfte.

(Wir sprachen darüber wie sie die Leute in Gefängnistransporter pferchten wie sie ihnen Arme und Beine brachen und sie geschlagene zwölf Stunden unbekleidet festhielten wie sie ihnen ins Gesicht schlugen in den Bauch in die Nieren wie sie ihnen auf die Finger drauf traten auf die Handflächen wie sie den Mädchen die Wäsche runterrissen und sie mit Gummiknüppeln

Как только я замолкала, я словно выскальзывала из реальности. Я растворялась в шуме и старалась ни о чем не думать. Мое сознание бродило от темы к теме, не останавливаясь ни на чем конкретном. В такие минуты я отдыхала.

Закрыть глаза я не могла. Фотографии избитых людей, словно липкий деготь, были размазаны по мне изнутри. Изуродованные болью лица слились со мной, и я несла их в темноте.

Вечером Арсений сел напротив меня. Я заметила его не сразу: в комнате не горел свет. Он передвигался тихо – я начала пугаться громких звуков. Прошло какое-то время, прежде чем он положил ладонь мне на плечо и легко сжал его.

«Поедем в деревню», – это не был вопрос, но я все равно кивнула. Он уехал из моей квартиры через несколько часов, и только тогда я поняла, что он предлагал покинуть город на несколько дней.

Эта мысль казалась мне неприемлемой. Я должна была находиться в городе, следить за новостями, оставаться на связи. Я боялась дистанции с происходящим, потому что я знала: заставить себя вернуться в это уже будет невозможно.

*

Ночью я сидела на балконе и слушала взрывы. Связи не было. Ближе к рассвету мне позвонила моя подруга. Я сказала: «Привет», – и мы молчали пятнадцать минут.

schlugen und ihnen dann die Gummiknüppel in den Mund steckten wie sie auf Leute schossen und sie mit Wasserwerfern angriffen wir versuchten die Verwundeten zu zählen und die Toten wir sprachen und sprachen und sprachen über das alles parallel dazu malte ich ein Plakat um damit auf einen Demonstrationszug zu gehen)

Sobald ich verstummte, schien ich der Wirklichkeit zu entgleiten. Ich löste mich auf in dem Rauschen, versuchte an nichts zu denken. Mein Bewusstsein hetzte von Thema zu Thema, ohne dass es etwas Konkretes fokussierte. In solchen Momenten ruhte ich aus.

Ich war außerstande, die Augen zu schließen. Die Fotografien der zusammengeschlagenen Menschen, der klebrige Teer in meinem Inneren. Die von Schmerz zu Grimassen verzerrten Gesichter waren mit mir verschmolzen, in der Dunkelheit waren sie bei mir.

Am Abend setzte Arsenij sich mir gegenüber hin. Ich bemerkte ihn nicht sofort: Im Zimmer brannte kein Licht. Er bewegte sich ganz leise – ich hatte begonnen, bei lauten Geräuschen zu erschrecken. Es verging eine bestimmte Zeit, bevor er mir die Hand auf die Schulter legte und sie sachte drückte.

»Lass uns aufs Land fahren«, – das war keine Frage, aber ich nickte trotzdem. Erst, als er ein paar Stunden später meine Wohnung verlassen hatte, verstand ich, dass er vorschlug, die Stadt für ein paar Tage zu verlassen.

(Мы молчали о нашем друге который ночью ушел на протесты и был ранен осколком в ногу о моих знакомых которых задержали и никто не знал где они о моих коллегах которых украли из квартир ночью о моей бабушке в чьем дворе избивали протестующих но она не могла позвонить в милицию потому что именно милиция и била этих людей мы молчали)

Не было ни сил, ни желания плакать.

*

В шесть утра на проспекте начали сигналить машины, и я снова вышла на балкон. Гул города смешался с шумом в моей голове. На несколько долгих мгновений я как будто полностью потеряла слух. Я осязала тишину, она была отдельным предметом, и я держала ее перед собой на вытянутых руках, боясь приблизиться.

Когда я пришла в себя и звуки вернулись, я приняла решение поехать в деревню вместе с Арсением. В сумку я положила книгу и блокнот. Я знала, что не смогу ни читать, ни писать. Но все равно взяла их с собой, рассчитывая, что эти предметы обычной жизни помогут мне обмануть происходящее.

*

Моя речь – словно скованная льдом река. Я беру долото и бью в одно и то же место, надеясь вытесать слово, которым я смогу описать произошедшее со мной. Я говорю: тревога. Я говорю: страх. Я говорю: отчаяние. Но на ледяной поверхности не появляется ни трещины, ни даже самого мелкого скола.

Diese Idee schien mir indiskutabel. Ich sollte in der Stadt bleiben, die Nachrichten verfolgen, Kontakt halten. Ich fürchtete mich von den Geschehnissen zu distanzieren, weil ich wusste: sich später dazu zwingen, hierher zurückzukehren, wird mir unmöglich sein.

*

Nachts saß ich auf dem Balkon und hörte die Explosionen. Es gab kein Netz. Gegen Morgengrauen rief meine Freundin mich an. Ich sagte: »Hallo« – und wir schwiegen fünfzehn Minuten.

(Wir schwiegen über unseren Freund der nachts auf die Proteste gegangen war und von Splittern am Bein verwundet wurde über meine Bekannten die sie verhaftet hatten und von denen niemand wusste wo sie waren über meine Kollegen die sie nachts aus den Wohnungen verschleppt hatten über meine Großmutter in deren Hof sie Protestierende zusammengeschlagen hatten aber sie konnte nicht die Polizei rufen weil es ja die Polizei war die diese Leute verprügelte wir schwiegen)

Wir hatten keine Kraft, kein Bedürfnis zu weinen.

*

Um sechs Uhr morgens begannen auf dem Prospekt die Autos zu hupen, und ich ging wieder auf den Balkon. Das Getöse der Stadt vermischte sich mit dem Rauschen in meinem Kopf. Für einige lange Augenblicke verlor ich mein Gehör fast vollständig. Ich tastete nach der Stille, sie war ein eigener Gegenstand, und ich hielt sie vor mich hin auf ausgestreckten Händen, aus Angst mich ihr zu nähern.

Когда я глубоко вдыхаю и открываю рот, я не могу закричать.

Вот что такое травма. Это пустота. Это невыразимость. Это всепоглощающее молчание.

*

До деревни мы ехали несколько часов на маршрутке. Я не помню, о чем мы разговаривали. Всю дорогу я сосредоточенно думала лишь об одном: только бы машину не остановили и нас не задержали.

Я думала эту мысль снова и снова, повторяя ее про себя как молитву. Только бы нас не задержали. Только бы нас не задержали. И дальше, как по накатанной, начинала фантазировать, как нас уже задерживают.

(Арсения выволокут из машины я начну кричать и звонить – а кому я буду звонить, если все уже сидят – я буду плакать от ярости злости боли отчаяния беспомощности ярости злости боли я ненавижу силовиков но я знала что буду просить их перестать как будто мои слова смогут что-то изменить а потом они точно так же выволокут меня – надо было обстричь волосы чтобы за них нельзя было зацепиться – и я буду чувствовать себя маленькой и беспомощной и я хочу думать что я бы отбивалась но я ничего не смогла бы сделать)

Наша остановка была посреди кукурузного поля.

Als ich wieder bei Sinnen war und die Geräusche zurückkehrten, fasste ich den Entschluss, zusammen mit Arsenij aufs Land zu fahren. In die Tasche packte ich ein Buch und ein Notizheft. Ich wusste, dass ich jetzt nicht lesen und nicht schreiben kann. Aber trotzdem nahm ich sie mit, in der Annahme, dass diese Gegenstände des normalen Lebens mir dabei helfen würden, das, was vor sich geht, zu überlisten.

*

Mein Sprechen, ein buchstäblich unter einer dicken Eisschicht begrabener Fluss. Ich nehme einen Meißel und schlage mit ihm auf ein und dieselbe Stelle, in der Hoffnung das Wort herauszuhauen, mit dem es mir gelingt, das, was mit mir geschieht, zu beschreiben. Ich sage: Beunruhigung. Ich sage: Angst. Ich sage: Verzweiflung. Aber an der Oberfläche der Eisschicht kommen keine Risse zum Vorschein, nicht mal die klitzekleine Ahnung von einem Riss.

Wenn ich tief Luft hole und den Mund öffne, kann ich nicht schreien.

Das also ist ein Trauma. Die Leere. Die Unfähigkeit, zu sprechen. Das alles absorbierende Schweigen.

*

Bis ins Dorf fuhren wir einige Stunden mit dem Sammeltaxi. Ich erinnere mich nicht daran, worüber wir uns unterhielten. Den ganzen Weg über dachte ich konzentriert nur an eines: solange sie bloß nicht das Auto stoppen solange sie uns bloß nicht festnehmen.

Мужчина вышел с нами из маршрутки. Я заметила его черный спортивный костюм краем глаза. Мы пошли в другую сторону. Черное пятно тут же размазалось.

Арсений сказал, что до деревни идти около часа. Мы взяли сумки и вышли на дорогу через поле.

Арсений что-то говорил, но я вслушивалась в звуки. Я слушала хруст растений под ногами и считала наши шаги. Мне казалось: звуков больше, чем нужно. И пыталась понять, откуда берется этот дополнительный треск.

Через пару километров мы сделали остановку. Я увидела то же самое мутное черное пятно чуть в отдалении. Мужчина следовал за нами.

«Интересно, куда он идет?» – Арсений обернулся ко мне. Я попыталась показать рукой, какого мужчину я имею в виду. Арсений прищурился: он ничего не видел.

«Может, в соседнюю деревню? Все-таки суббота. Много кто приезжает».

Мы двинулись дальше, и весь остаток дороги я не оборачивалась.

Когда мы наконец добрались до дома, я легла на траву и почти сразу же уснула. Мне ничего не снилось. В самый последний момент я увидела, как мужчина в черном костюме приближается к соседнему дому. Но я больше не могла из-за этого беспокоиться.

Ich dachte diesen Gedanken wieder und wieder, wiederholte ihn für mich wie ein Gebet. Solange sie uns bloß nicht festnehmen. Solange sie uns bloß nicht festnehmen. Und dann, wie ferngesteuert, fing ich an zu phantasieren, dass sie schon dabei sind, uns festzunehmen.

(Sie zerren Arsenij aus dem Auto ich beginne zu schreien und zu telefonieren – aber wen kann ich anrufen, wo alle schon im Gefängnis sitzen – ich weine vor Grimm Zorn Schmerz Verzweiflung Hilflosigkeit Grimm Zorn Schmerz ich hasse die Sicherheitskräfte aber ich weiß dass ich sie bitten werde aufzuhören als könnten meine Worte etwas ändern und dann werden sie mich genauso herauszerren – ich hätte die Haare abschneiden sollen damit sie nicht dran reißen können – und ich werde mich klein und hilflos fühlen und ich will denken dass ich mich wehren würde aber ich werde nichts tun können)

Unsere Haltestelle war inmitten eines Maisfeldes.

Ein Mann stieg mit uns aus dem Sammeltaxi. Ich bemerkte im Augenwinkel, dass er einen schwarzen Trainingsanzug trägt. Wir gingen in die andere Richtung. Der schwarze Fleck verschwamm augenblicklich.

Arsenij sagte, dass wir zu Fuß bis zum Dorf ungefähr eine Stunde bräuchten. Wir nahmen die Taschen und schlugen den Weg übers Feld ein.

Arsenij redete über irgendetwas, aber ich achtete nur auf Geräusche. Ich hörte das Knacken der Pflanzen unter unseren Füßen, zählte unsere Schritte. Mir schien: Da waren mehr

Наступает момент, когда боль перестает расти. Как ползущий цветок, который рано или поздно упирается в потолок и останавливается, ограниченный пределами комнаты, так и моя боль, заполнив все мое тело и мысли, унялась.

*

Вечером мы решили развести костер. Было странно чувствовать простые ощущения, у которых было моментальное решение. Хотелось пить и есть. Хотелось продолжить спать. Мы сходили за водой и приготовили еду. Арсений вынес нам одеяла из дома, чтобы можно было дремать на улице.

Мы жадно съели подгоревшую еду. Мы молчали, пока я проверяла сообщения и письма. В какой-то момент я отложила телефон и начала слушать, как поют птицы. Более бессмысленное и бесполезное занятие сложно было придумать.

Я просидела у костра достаточно долго, чтобы Арсений замерз и ушел в дом. Я смотрела на огонь, потом снова проверяла почту – и так раз за разом. Письма все не кончались, сообщений становилось только больше. Снова начал нарастать шум.

Когда я закончила, костер почти погас. Я смотрела на темные окна дома. Все вокруг казалось незнакомым и чужим. На одно дурацкое мгновение я почувствовала, что я потерялась и не знаю, где нахожусь.

Geräusche als nötig. Ich versuchte zu verstehen, woher dieses zusätzliche Krachen kam.

Nach ein paar Kilometern machten wir Rast. Ich erblickte wieder jenen trüben schwarzen Fleck etwas weiter entfernt. Der Mann folgte uns.

»Wo der wohl hingeht?«, Arsenij kam zu mir. Ich versuchte ihm mit der Hand zu zeigen, welchen Mann ich meinte. Arsenij kniff die Augen zusammen: Er sah nichts.

»Vielleicht ins Nachbardorf? Schließlich ist Samstag. Da kommen viele her.«

Wir gingen weiter und auf dem ganzen restlichen Weg sah ich mich nicht um.

Als wir es schließlich bis zum Haus geschafft hatten, legte ich mich auf die Wiese und schlief fast augenblicklich ein. Ich träumte nichts. Im allerletzten Moment sah ich, wie ein Mann im schwarzen Anzug auf das Nachbarhaus zugeht. Aber ich konnte mich nicht mehr deswegen beunruhigen.

Es kommt ein Moment, in dem der Schmerz aufhört zuzunehmen. Wie eine Kletterpflanze, die früher oder später an die Decke stößt und aufhört zu wachsen, begrenzt durch die Grenzen des Zimmers, so war es mit meinem Schmerz, der sich in meinen ganzen Körper und meinen Gedanken ausgebreitet hatte, er war zum Stillstand gekommen.

*

Поляну освещал месяц.

Я знала, что до дома идти меньше минуты – пятнадцать шагов, и я уже буду на веранде. Но я не могла пошевелиться. Я почувствовала, как у меня начинают дрожать руки и ноги, и как мало воздуха становится вокруг. Я почувствовала, как по спине бежит холодный пот и как я что-то говорю вслух.

В тот момент я думала только о том, что сейчас из-за дерева выскочит мужчина в черной форме и скрутит меня. И если я сделаю еще один шаг, он обязательно заметит меня и нападет.

Я думала только о том, как окажусь на Окрестина, и никто не будет знать, что я там. Ни моя семья, ни мои друзья. Я буду среди незнакомых людей, и мне будет некого попросить о помощи. Я думала, как меня будут избивать в камере. Я думала, как мне что-нибудь сломают. Я думала, как меня изнасилуют.

Я слышала свое нелепое быстрое дыхание, я слышала, как я говорила: «Успокойся, успокойся, успокойся». Я наблюдала со стороны, как у меня подкосились ноги, и как я безутешно заплакала, и как села на траву, и как я стала шептать, что мне просто очень страшно.

(Мне было так страшно как не было никогда в жизни мне было так страшно мне было так страшно так страшно но я не могла бояться я не могла сдаться я не могла разрешить себе признать поражение я не могла перестать работать перестать читать про пытки избиения изнасилования надру-

Am Abend beschlossen wir, ein Lagerfeuer zu machen. Es war seltsam, ganz normale Bedürfnisse zu empfinden, die man augenblicklich stillen konnte. Wir hatten Durst und Hunger. Wir wollten weiterschlafen. Wir gingen Wasser holen und bereiteten etwas zu Essen zu. Arsenij holte Decken aus dem Haus, damit wir im Freien etwas dösen konnten.

Gierig aßen wir das angebrannte Essen. Wir schwiegen, bis ich die Nachrichten und Mails gecheckt hatte. In einem bestimmten Moment legte ich das Telefon weg und da hörte ich, wie die Vögel singen. Eine sinnlosere und unnützere Beschäftigung war kaum vorstellbar.

Ich saß lang genug am Feuer, dass Arsenij langsam kalt wurde und er ins Haus ging. Ich schaute ins Feuer, dann checkte ich noch mal meine Post – und so ging es immer weiter. Die Mails hörten und hörten nicht auf, die Mitteilungen wurden nur immer mehr. Das Rauschen nahm wieder zu.

Als ich fertig war, war das Feuer fast niedergebrannt. Ich schaute auf die dunklen Fenster des Hauses. Alles um mich herum kam mir unbekannt und fremd vor. Für einen abstrusen Moment hatte ich das Gefühl, ich hätte mich verirrt und wüsste nicht mehr, wo ich mich befinde.

Über dem Feld leuchtete der Mond.

Ich wusste, dass ich bis zum Haus weniger als eine Minute brauchte – fünfzehn Schritte, und schon werde ich auf der Veranda sein. Aber ich war unfähig, mich zu bewegen. Ich fühlte, wie meine Arme und Beine anfingen zu zittern, und wie die Luft,

гательства смерти мне было так страшно но я не могла остановиться и никто не мог меня защитить потому что это я должна была защищать всех)

Я не помню, как я добралась до дома. Я легла рядом с Арсением, не снимая одежды. Я боялась быть одной. Я хотела разбудить его, но у меня не было сил его звать. Я повернулась набок, стараясь выровнять дыхание.

Тогда я увидела его. Мужчину в черном костюме. Он смотрел на меня.

die mich umgab, weniger wurde. Ich fühlte, wie kalter Schweiß den Rücken hinunterlief, und wie ich laut etwas sagte.

In jenem Augenblick dachte ich nur daran, dass jeden Moment der Mann in schwarzer Uniform hinter dem Baum hervorspringt und mich packt. Sollte ich auch nur noch einen einzigen Schritt machen, bemerkt er mich unweigerlich und fällt über mich her.

Ich dachte nur daran, wie ich auf einmal im Okrestina-Gefängnis sein werde, und niemand erfährt, dass ich dort bin. Weder meine Familie noch meine Freunde. Ich werde unter Menschen sein, die ich nicht kenne, und ich werde niemanden haben, den ich um Hilfe bitten kann. Ich dachte daran, wie sie mich in der Zelle verprügeln. Ich dachte daran, wie sie mir etwas brechen. Ich dachte daran, wie sie mich vergewaltigen.

Ich hörte meinen irre schnellen Atem, ich hörte, wie ich sagte: »Beruhige dich, beruhige dich, beruhige dich«. Ich beobachtete mich gleichsam von außen, sah, wie meine Beine einknickten, und wie ich untröstlich losheulte, und wie ich mich ins Gras setzte, und wie ich anfing zu flüstern, dass ich einfach sehr sehr große Angst habe.

(Ich hatte solche Angst wie nie zuvor im Leben ich hatte solche Angst ich hatte solche Angst solche Angst aber ich konnte mich nicht fürchten ich konnte mich nicht ergeben ich konnte mir nicht erlauben die Niederlage einzugestehen ich konnte nicht aufhören zu funktionieren aufhören zu lesen von Folter Misshandlungen Vergewaltigungen Beschimpfungen Tod ich hatte solche Angst aber ich konnte nicht aufhören und niemand konnte mich beschützen weil ich es bin die alle beschützen soll)

Ich erinnere mich nicht daran, wie ich es bis zum Haus geschafft habe. Ich legte mich neben Arsenij, ohne die Kleider abzulegen. Ich hatte Angst davor, allein zu sein. Ich wollte ihn wecken, aber ich hatte keine Kraft, ihn zu rufen. Ich drehte mich auf die Seite und versuchte, den Atem zu beruhigen.

Da sah ich ihn. Den Mann im Schwarz. Er blickte mich an.

УЛАДЗІМІР ЛЯНКЕВІЧ

– дайце таблетку
ад галавы

я не хачу каб у мяне
была галава
мне надакучыла
яе насіць

у яе ёсць вочы
у іх прасочваецца атрутны газ
які вы называеце святлом
і не гасіце на час адбою

я не хачу каб у мяне
была галава

у яе ёсць рот
які мне заторкваюць
гумовым смярдзючым глеем
які вы спрабуеце выдаць за хлеб

я не хачу каб у мяне
была галава

у яе ёсць вушы
у якія вы гаркаеце
свае «ркзаспну»
«лцмксцне»
«бстр»

ULADZIMIR LIANKIEVIČ

– gebt mir eine tablette
gegen meinen kopf

ich will keinen
kopf mehr haben
ich bin es satt
ihn zu tragen

er hat augen
in sie dringt das giftgas ein
das ihr licht nennt
und zur nachtruhe nicht löscht

ich will keinen
kopf mehr haben

er hat einen mund
den ich mir stopfen muss
mit dem stinkenden gummischleim
den ihr als brot auszugeben versucht

ich will keinen
kopf mehr haben

er hat ohren
die ihr vollbellt
mit eurem »hndaufnrckn«
»gsichtzrwnd«
»schnll«

дайце таблетку
як няма?

– няма, бо мы з’елі
усе таблеткі ад галавы
самі

так што зткнлсь на

gebt mir eine tablette
wieso sind sie aus?

– weil wir alle
kopftabletten selber
gegessen haben

also frss hltn

УЛАДЗІМІР ЛЯНКЕВІЧ

– усю ноч у двары білі людзей
усю ноч у двары білі людзей

брахалі сабакі
брахалі сабакі
вы чулі?

– супакойся
табе падалося
табе падалося
нікога не білі
нікога не білі
бо ты б не пачуў
удары дубінкі па целе

бязгучна б'е
дубінка па целе

ULADZIMIR LIANKIEVIČ

– die ganze nacht haben sie leute geschlagen im hof
die ganze nacht haben sie leute geschlagen im hof

hunde haben gebellt
hunde haben gebellt
habt ihr gehört?

– nur ruhig
das hast du geträumt
das hast du geträumt
niemand wurde geschlagen
niemand wurde geschlagen
schlagstöcke auf körpern
hättest du gar nicht gehört

der schlagstock
landet lautlos

Aus dem Belarussischen von Thomas Weiler

АННА ЗЛАТКОВСКАЯ

ВЕРИТЬ, НЕ БОЯТЬСЯ, ЖИТЬ

Страх повсюду. В первом шаге малыша, в первой влюбленности, в первом экзамене, в поиске новой работы и в переживании, а смогу ли соответствовать. В самолете, в скорости, под водой. В людях, ядовитых насекомых, червяках, змеях. В темноте и в зубном кабинете. А еще высота: прокатиться на колесе обозрения – это испытание для тех, кому ближе пещеры и подвалы, диггерской души. Страх – в беснующихся силовиках и в тех, кто смотрит на все с пустым удивлением: «А что вообще происходит?» Страшно сказать «хватит» в ответ на школьные поборы, когда ты один против двадцати пяти человек, которым не хочется плыть против течения. А если таких – миллион? Страшно.

Страх может стать твоим другом или стать твоим кодом ДНК. Когда уже и не заметишь, что вся жизнь подчинена стальному ужасу, запрещающему раздвинуть границы мира, выйти за пределы комнаты. Сиди, будь незаметным, и все будет хорошо. Никак.

Для многих ты будешь идеальным. Исполнительным. Если бьют, значит, заслужил. Если говорят: «Никогда ничего в жизни не добьешься, тупица» – так и есть. Выбор безопасной зоны определяет тот, кто пугает больше всех и от кого исходит наибольшая опасность.

Страх уничтожает. Так некоторые педагоги подделывают результаты выборов, понимая, что разница между правдой

ANNA SLATKOWSKAJA

GLAUBEN, SICH NICHT FÜRCHTEN, LEBEN

Angst ist überall. Im ersten Schritt des Kleinkinds, in der ersten Verliebtheit, der ersten Prüfung, der Suche nach einer neuen Arbeit und der Sorge, ob man den Ansprüchen gewachsen sein wird. Im Flugzeug, bei hoher Geschwindigkeit, unter Wasser. Bei Menschen, giftigen Insekten, Würmern, Schlangen. In der Dunkelheit und beim Zahnarzt. Und dann noch in der Höhe – mit einem Riesenrad zu fahren, bedeutet Folter für alle, denen Höhlen und Keller näher sind, für erdverbundene Seelen. Angst ist in den wild gewordenen Silowiki ebenso wie in jenen, die das alles sehen und ihren Augen nicht trauen: »Was passiert hier eigentlich?« Man hat Angst zu sagen: »Es reicht!«, wenn die Schule Geld einsammelt und man allein dasteht gegen fünfundzwanzig Mütter und Väter, die nicht gegen den Strom schwimmen wollen. Und wenn es davon eine Million gibt? Man hat Angst.

Die Angst kann dein Freund werden oder dein genetischer Code. Wenn du schon nicht mehr merkst, dass das ganze Leben dem stahlharten Schrecken untergeordnet ist, der verbietet, die Grenzen der Welt zu weiten, aus deinem Zimmer herauszutreten. Bleib sitzen, benimm dich unauffällig, und alles wird gut. Von wegen.

Für viele wirst du der ideale Mensch sein. Pflichteifrig. Wenn man dich schlägt, dann hast du es wohl verdient. Wenn man dir sagt: »Du wirst im Leben nichts erreichen, du Armleuchter!«, dann ist das so. Wo du außer Gefahr bist, bestimmt derjenige,

Aus dem Russischen von Beate Rausch

и ложью как никогда в их руках – в бюллетенях, но они не могут отказать себе в праве быть слугами страха. Так некоторые журналисты, игнорируя избитых и покалеченных людей, рассказывают, что в городе спокойно, и, улыбаясь на камеру, подтверждают: насилия нет, его выдумали. Так поступают омоновцы, следователи, прокуроры, судьи, надзиратели. В тисках страха они погребают себя заживо, становясь прислужниками того, кто пугает сильнее, и синхронизируясь с тем вечным животным чувством, которое стало кодом личности.

Боятся все. Первая шишка на лбу, первый шрам на сердце, первая потеря учат нас, что боль – это больше, чем колючий комок внутри. Это тьма, из которой порой очень трудно выбраться. Но мы знаем, что выбраться необходимо, ведь если не разрывать эти цепи, так и останешься ребенком, ползающим по полу, так и останешься одиноким без права на новое взаимное чувство, так и привыкнешь выполнять приказы, не видя, как прекрасен мир, когда страх – твой друг, а не хозяин.

Так в августе женщины вышли в цепи солидарности, осознавая, что в любую минуту их могут схватить и затолкать в автозаки. Так волонтеры ездили по Минску, спасая раненых, понимая, что сами могут пострадать. Так Маша порвала паспорт, наверняка понимая, что самоназванный «король» не простит этого смелого поступка – мы не прощаем другим то, на что не способны сами.

Но если не пытаться, хватая страх за воротник, отрывать ноги ото дна, так и не поплывешь.

der am meisten Angst verbreitet und von dem die größte Gefahr ausgeht.

Angst erniedrigt. So fälschen manche Lehrer die Wahlergebnisse, denn sie verstehen: Der Unterschied zwischen Wahrheit und Lüge liegt wie nie zuvor in ihren Händen – in den Wahlzetteln, doch sie können sich nicht dagegen wehren, Diener der Angst zu sein. So erzählen manche Journalisten, in der Stadt sei es ruhig, ignorieren dabei aber verprügelte und zu Krüppeln geschlagene Menschen, und behaupten in die Kamera lächelnd: Es gibt keine Gewalt, das ist alles erfunden. So äußern sich OMON-Milizen, Untersuchungsrichter, Staatsanwälte, Richter, Inspektoren. In den Klauen der Angst begraben sie sich bei lebendigem Leib, indem sie zu Handlangern derjenigen werden, die am meisten Angst verbreiten. Und dabei eignen sie sich jenes animalische Gefühl an, das zu ihrem Persönlichkeits-Code wird.

Alle haben Angst. Die erste Beule auf der Stirn, die erste Schramme am Herzen, der erste Verlust, das alles lehrt uns, dass Schmerz mehr ist als ein stechender Kloß in unserm Innern. Das ist eine Finsternis, aus der man bisweilen nur sehr schwer herausfindet. Aber wir wissen, dass es notwendig ist, wieder herauszufinden, denn wenn man diese Ketten nicht sprengt, dann bleibt man das Kind, das auf dem Boden herumkrabbelt, dann bleibt man einsam ohne das Recht auf ein neues auf Gegenseitigkeit beruhendes Gefühl, dann gewöhnt man sich daran, Befehle zu erfüllen, ohne zu sehen, wie schön die Welt ist, wenn die Angst dein Freund ist und nicht dein Herr.

So gingen im August die Frauen auf die Straße, bildeten Menschenketten der Solidarität, wohl wissend, dass man sie jeden

Нас 26 лет учили «не верить, бояться, не просить». Шептали: «Бойся последствий». Войны, нищеты, неизвестности. Одни поверили, потому что так выживали все время. Другие же шли вопреки – те, кто всегда пытался делать неизведанное и у кого сердце выпрыгивало из груди, когда взлетал в небо в кабине колеса обозрения, когда держал на ладони паука, когда шел на проспект, сливаясь с многотысячной толпой, в одном-единственном порыве – жажде жизни, жажде перемен для страны.

Это невероятное откровение – каждый раз преступать страх, ощущая, насколько ты безграничен. Насколько прекрасен мир, если говорить себе: я боюсь, но я смогу. И все получается. Найти новую работу, новых друзей в эмиграции, новую любовь, новые знания. Узнать, что ты действительно гражданин своей страны, и ее будущее – это ты сам. Прогуливающийся по проспекту, прячущийся в подъезде от карателей, тот, кто тайком забирает новый флаг у подруги, тот, кто пишет письма из тюрьмы со словами веры и поддержки. И дети, которые, сжимая в руках ладонь папы или мамы, своими глазами видели, как силовики нападают на безоружных людей, никогда не вырастут рабами. Потому что они вместе с нами прошли километры страха и гордости.

Страх нужно в себе нащупывать, не отвергать. Нет ничего постыдного в том, что мы ощущаем опасность. Это ответственность. А еще привычка: находясь среди тех, кто внушает, что покорность есть добродетель, трудно противиться, пытаясь отстоять право на свободу. Поэтому одни срывают бело-красно-белые ленты с деревьев и заборов, зная, что им дадут медаль. И поэтому другие говорят: «Я выхожу», –

Moment festnehmen und in einen Gefangenentransporter quetschen könnte. So fuhren freiwillige Helfer durch Minsk, retteten Verletzte, wohl wissend, dass es sie selbst treffen könnte. So zerriss Mascha Kolesnikowa ihren Reisepass, vermutlich wissend, dass der selbsternannte »König« diese kühne Tat nicht verzeihen würde – wir verzeihen anderen nicht, wozu wir selbst nicht fähig sind.

Doch wenn du nicht versuchst, die Angst beim Schopf zu packen und die Füße vom Grund abzustoßen, dann wirst du nie schwimmen.

Man lehrte uns 26 Jahre lang, »nicht glauben, sich fürchten, nicht bitten«. Man flüsterte uns zu: »Fürchte die Folgen«. Krieg, Armut, Ungewissheit. Die einen glaubten das, denn so überlebten sie die ganze Zeit. Andere jedoch schlugen die entgegengesetzte Richtung ein – jene, die immer versuchten, Neuland zu betreten und bei denen das Herz in der Brust Freudensprünge machte, wenn sie in der Kabine des Riesenrads in den Himmel flogen, wenn sie eine Spinne auf der Handfläche hielten, wenn sie auf die Hauptstraßen gingen und sich unter die viele Tausende zählende Menschenmenge mischten, einzig und allein einem Impuls folgend – dem Hunger nach Leben, dem Hunger nach Veränderungen für das Land.

Diese unglaubliche Offenbarung – jedes Mal die Angst zu überwinden, zu spüren, wie grenzenlos du bist. Wie schön die Welt ist, wenn du zu dir selbst sagst: Ich habe Angst, aber ich kann das. Und alles gelingt. Eine neue Arbeit zu finden, neue Freunde in der Emigration, eine neue Liebe, neue Erfahrungen. Festzustellen, dass du wirklich ein Bürger deines Landes bist und seine

а за ними выходят сотни других, не желая быть пажами трусов.

Нам запрещают читать книги, гулять, хлопать, петь песни, носить красное и белое, любить Беларусь, потому что можно только то, что разрешено, а что не разрешено, то запрещено. Бойся, умоляй, получай дозволение, ешь с руки, будь покорным – и все худшее случится с кем-то другим, а не с тобой.

Однажды в Вильнюсе я оказалась ночью у жилого дома со случайным знакомым из местных. Мы стали тихо напевать песню «Агаты Кристи»: «Давай вечером с тобой встретимся…» И мой новый друг стал петь ее громче, а я шипела, что не нужно, ночь, люди спят, мы мешаем. И он сказал мне: «Ты боишься? Чего? Я в своей стране, я на улице, свободный и счастливый, и я хочу петь песни». Здравствуй, новый страх, о котором я еще не знала, – быть неудобной, смешной, нелепой, свободной. Кругом камеры и черные машины. Автозаки и ОМОН. Красное с белым не носить. На беларусской мове не говорить. По улицам не гулять. Забыть, что ты человек, просто выполняй, что скажут. Оказавшись в другой стране, я вижу призраков прошлого в моей голове.

«Я крашу губы гуталином, я обожаю черный цвет», – мне было страшно вот так в голос, но я попыталась, потому что иначе так и не понять, каково это – быть свободным счастливым человеком, который просто поет в ночи в порыве кайфа и хорошего настроения.

Zukunft – du selbst. Der die Straße entlang spaziert, der sich im nächsten Hauseingang vor den Häschern versteckt, der heimlich die neue Fahne der Freundin aufhebt, der Briefe aus dem Gefängnis schreibt, voller Worte des Glaubens und der Unterstützung. Und die Kinder, die, fest die Hand von Papa oder Mama umklammernd, mit eigenen Augen sehen, wie die Silowiki über unbewaffnete Menschen herfallen, werden niemals als Sklaven aufwachsen. Denn sie sind zusammen mit uns Kilometer voller Angst und Stolz gegangen.

Angst muss man in sich ertasten, nicht von sich schieben. Es ist nichts Beschämendes dabei, dass uns bange ist bei Gefahr. Das bedeutet Verantwortung. Und dann noch die Angewohnheit: Befindet man sich unter denen, die einem einflößen, dass Gehorsam eine Tugend sei, dann ist es schwer, sich dagegen zu wehren und das Recht auf Freiheit zu verteidigen. Deshalb reißen die einen die weiß-rot-weißen Bänder von Bäumen und Zäunen; sie wissen, dass sie dafür eine Medaille bekommen. Und deshalb sagen andere: »Ich gehe auf die Straße« – und ihnen folgen Hunderte, die keine Lakaien von Feiglingen sein wollen.

Man verbietet uns, bestimmte Bücher zu lesen, spazieren zu gehen, zu klatschen, Lieder zu singen, Rot und Weiß zu tragen, Belarus zu lieben, denn man darf nur, was erlaubt ist, und was nicht erlaubt ist, ist verboten. Fürchte dich, bettle, erhalte die Erlaubnis, friss aus der Hand, kriech zu Kreuze – und alles Schlimme widerfährt jemand anderem, aber nicht dir.

Einmal stand ich in Vilnius mit einer Zufallsbekanntschaft aus der Stadt nachts vor einem Wohnhaus. Wir sangen leise den Song der russischen Gothic-Rock-Band »Agata Kristi«: »Komm,

Это непросто – снова и снова выталкивать себя из тюрьмы страха. Но каждый раз удивительно прекрасно ощущать, что ты можешь все.

Верить, не бояться, жить.

wir treffen uns heute Abend …«. Plötzlich begann mein neuer Freund, lauter zu singen, und ich zischte, »mach das nicht, es ist mitten in der Nacht, die Leute schlafen, wir stören«. Aber er sagte zu mir: »Hast du Angst? Wovor denn? Ich bin in meinem Land, ich stehe auf der Straße, frei und glücklich, und ich hab Lust zu singen.« Hallo, neue Angst, dich kannte ich noch nicht – unbequem sein, lustig, schräg, frei. Ringsum Kameras und schwarze Autos. Gefangenentransporter und OMON. Kein Rot und Weiß tragen. Nicht Belarussisch sprechen. Nicht auf den Straßen herumspazieren. Vergessen, dass du ein Mensch bist, mach einfach, was man dir sagt. Bin ich in einem anderen Land, spuken die Gespenster der Vergangenheit in meinem Kopf herum.

Es ist nicht leicht – sich selbst immer und immer wieder aus dem Gefängnis der Angst freizukämpfen. Aber jedes Mal ist es erstaunlich schön zu spüren, dass du alles kannst.

Glauben, sich nicht fürchten, leben.

Aus dem Russischen von Beate Rausch

ЯДВИГА РАЙ

Зарождается нация –
Через боль и страдания…
Зарождается нация –
На какой стороне стану я?

Свою помощь, участие
Я готов проявить?
И спокойно, без страсти
Укрепить жизни нить.

Распрямилися плечи,
Восстает наш народ,
Многим жизнь покалечили,
Есть уж жертвы за переход.

Мы добъемся здесь правды.
Переход – без возврата.
Учредим свое право –
Жить с любовью ко братьям.

Креатив и способность
Все, что нужно, решать
Даст нам силу, возможность
Чистый мир созидать!

30.12.2020

JADWIGA RAI

Eine Nation wird geboren –
Unter Schmerzen und Leid …
Eine Nation wird geboren –
Bin ich bereit?

Bekenne ich mich, durch Hilfe und Beistand?
Stärke ich ihre Lebenskraft mit Mut und Gefasstheit?
Unser Volk begehrt auf,
Es blickt stolz nach vorn.

Viele Leben verstümmelt,
Der Wandel gebiert Zorn.
Wir erkämpfen die Wahrheit,
Es gibt kein Zurück.

Wir erkämpfen das Recht
Auf ein Leben im Glück.
Kreativität und Entschlossenheit geben uns Kraft,
Die Welt zu befreien, von Dreck und Unrat.

30.12.2020

Aus dem Russischen von Tanja Ekkert

МАРЫЯ МАРТЫСЕВІЧ

Позна ў суботу адвязваю ровар пасля «Прадмовы». Падыходзіць жыццём пабіты чэл. Рыхтуюся адказаць, што 20 капеек няма, а ён кажа, што зараз пакліча АМАП, бо я краду ровар. Потым кажа, што жартуе і дае тры б-ч-б стыкеры, каб наляпіла ў сябе на раёне.

І толькі потым просіць 20 капеек.

Пераможам.

18.10.2020

MARYJA MARTYSIEVIČ

Samstag Nacht schließe ich nach dem Pradmova-Festival mein Fahrrad wieder auf. Kommt ein vom Leben gebeutelter Typ auf mich zu. Ich will ihm schon sagen, ich hab keine 20 Kopeken, da sagt er, er ruft gleich den OMON, weil ich das Rad klaue. Dann sagt er: war ein Witz, und gibt mir drei weiß-rot-weiße Aufkleber, die ich bei mir im Viertel verteilen soll.

Und erst dann fragt er nach 20 Kopeken.

Wir werden siegen.

18.10.2020

Übersetzt aus dem Belarussischen von Thomas Weiler

ЛЕОНИД МЫШЛЕНИК

РОМАН БОНДАРЕНКО, 40 ДНЕЙ ПАМЯТИ

Пусть мы с тобою лично не знакомы,
Но твой поступок навсегда оставил след.
Я обещаю, что я буду помнить:
Тебя, твои дела и этот свет,
Что ты оставил нам своим поступком
Во тьме невежеств, мракобесия и бед!
Ты нас сплотил, вернув надежду с верой
И показал, что страха больше нет!
«Я выхожу!» – сказал ты на прощанье,
Тем самым нам подав пример.
Теперь, последовав примеру,
Плечом к плечу иду с друзьями я!
Под бело-красно-белыми стягами
И каждый рядом тут мне брат или сестра!
Мы победим, я верю в это,
Ведь Свет сильнее Темноты!
Ты мне сказал, что счастье рядом где-то,
И я поверил, ведь нам светишь ты!

LEONID MYSCHLENIK

ROMAN BONDARENKO, 40 TAGE ERINNERUNG[1]

Ich kannte dich nicht persönlich,
Doch dein Handeln inspirierte mich.
Ich verspreche, dich nie zu vergessen,
Deine Taten, deinen Mut und dieses Licht.
Dieses Licht, mit dem du
Die Finsternis der Ignoranz durchbrochen hast.
Du hast uns geeint, uns Hoffnung und Glauben gegeben,
Uns gezeigt, dass die Angst verloren hat.
»Ich gehe raus« – sagtest du zum Abschied
Und wiesest uns damit unser Ziel.
Nun folge ich deinem Beispiel
Und spüre meine Freunde neben mir.
Unter dem weiß-rot-weißen Banner
Laufen als Brüder und Schwestern wir.
Der Sieg ist uns sicher,
Denn Licht ist stärker als die Finsternis!
Du sagtest, das Glück sei ganz nah,
Und ich glaube dir, denn du leuchtest für uns.

---

1 Der Künstler und Designer Roman Bondarenko lebte in einem der Protestbezirke von Minsk. Am 11. November 2020 ging er hinunter in den Innenhof seines Hauses, wo maskierte Einheiten in Zivilkleidung die rot-weiß-roten Bänder herunterrissen. Sie verschleppten Roman und prügelten ihn in einem Kleinbus zu Tode. Seine letzten Worte im Telegram-Chat – »Ich gehe raus« – wurden zu einer Kampfparole des weißrussischen Widerstandes. Tausende von Menschen nahmen an seinem Begräbnis teil und überall in der Stadt wurden Gedenkfeiern zu seinen Ehren veranstaltet. Roman wurde 31 Jahre alt. Die Regierung gab Unfall infolge von Trunkenheit als Todesursache an. Diese Version wurde sowohl von den behandelnden Notfallärzten als auch von den Zeugen der Misshandlungen widerlegt.

Aus dem Russischen von Tanja Ekkert

НАТАЛЬЯ ПАНКОВА

ПОСЛЕ УБИЙСТВА РОМАНА БОНДАРЕНКО

Мне хочется верить, что все не зря,
Что просто такой год,
Что кто-нибудь сверху крикнет: "Разряд!" -
И Беларусь оживет.

Мне хочется думать, что эти дни -
Последние дни тьмы:
Наших свечей живые огни
Разрушат стены тюрьмы.

Мне хочется помнить, что каждый час
Мы свой создаем мир.
Так много зависит от нас сейчас!
Прощай, случайный кумир!

Мне хочется знать, что в конце пути
Нас правда и свет ждут.
И мы продолжаем вперед идти –
Это наш лучший маршрут.

13.11.2020

NATALIA PANKOWA

NACH DEM TOD VON ROMAN BONDARENKO

Ich möchte glauben, dass alles nicht umsonst,
Dass nur dieses Jahr so ist,
Dass jemand mal von oben ruft: »Es reicht!«
Und Belarus zum Leben erwacht.

Ich möchte denken, dass diese Tage,
Die letzten sind in Finsternis:
Dass die lodernden Flammen unserer Kerzen
Zu Fall bringen dieses Gefängnis.

Ich möchte erinnern, dass wir jede Stunde
Erschaffen unsere eigene Welt.
So vieles hängt von uns nun ab!
Leb wohl, zufällige Gallionsfigur!

Ich möchte wissen, dass am Ende des Wegs,
Wahrheit uns erwartet und Licht.
Wir gehen weiter vorwärts,
Denn das ist unsere beste Aussicht.

13.11.2020

Aus dem Russischen von Marina Unger

САША ФИЛИПЕНКО

ПУТЕВОДИТЕЛЬ ПО МИНСКУ

Метро работает, но пять дней в неделю. Мобильный интернет тоже. Ковида нет, но все чаще есть. На улицах грязно – повсюду взводы мусора. Все лучшие рестораны закрыты, галереи тоже. Если за утренней чашечкой кофе вы любите читать свежую и независимую прессу – помогите с ее публикацией и распространением. Если хотите посмотреть постановки национального драматического театра – привезите с собой актеров (местных уволили). Если вы журналист – вас не пустят. Если бывший студент – тоже. Если вы бездарный пропагандист или штрейкбрехер – вам будут рады и, так как у нас Союзное государство, визы вам не нужны. Если вы не знаете, какую одежду взять в дорогу – выбирайте спортивное и не забывайте про пуховики – у нас не холодно, но в них удобнее спать на нарах. Если любите кататься на велосипеде – велодорожек много, но вы фашист. Почему? Этого бесполезного вопроса в Беларуси давно нет. Если встретите человека с камерой или пустым взглядом – это тихарь. Он безобиден, можно покормить с руки. Человек с языком в жопе – футболист национальной футбольной сборной. Если такой же, но повыше – известный хоккеист. С красно-зелеными флагами гулять можно, с бело-красно-белыми нельзя. Ничего не перепутайте! В спортивных штанах и с ружьем бегать можно, в платье и с цветами гулять нельзя. Рисовать граффити нельзя, разрушать мемориалы можно. Наркотиков в городе нет – все сожрали ОМОНовцы. Если к вам пристает агрессивно настроенный человек – не спорьте – это милиционер. Если рядом остановился

SASHA FILIPENKO

STADTFÜHRER FÜR MINSK

Es gibt eine U-Bahn, sie fährt aber nur fünf Tage die Woche. Dasselbe gilt für das mobile Internet. Covid gibt es nicht, aber immer öfter doch. Die Straßen sind voller Mist – wegen der vielen Bullen. Die besten Restaurants sind zu, die Galerien auch. Wenn Sie beim Morgenkaffee gern aktuelle unabhängige Zeitungen lesen – unterstützen Sie ihre Publikation und Verbreitung. Wenn Sie eine Theateraufführung sehen möchten – bringen Sie die Schauspieler selbst mit (die hiesigen wurden entlassen). Wenn Sie Journalist sind – werden Sie nicht ins Land gelassen. Wenn Sie studiert haben – auch nicht. Wenn Sie ein unbegabter Propagandist oder ein Streikbrecher sind – werden Sie mit offenen Armen empfangen, und weil wir ein in Staatengemeinschaften integrierter Staat sind, brauchen Sie auch kein Visum. Wenn Sie nicht wissen, welche Kleidung Sie einpacken sollen – entscheiden Sie sich für etwas Sportliches, und denken Sie an die Daunenjacke – kalt ist es bei uns nicht, aber auf den Pritschen schläft man damit weicher. Wenn Sie gern Fahrrad fahren – es gibt viele Radwege, aber Sie gelten dann als Faschist. Warum? Diese sinnlose Frage gibt es in Belarus längst nicht mehr. Wenn Sie einer Person mit einer Kamera oder einem leeren Blick begegnen – das sind Silowiki in Zivil. Die sind harmlos, sie fressen einem aus der Hand. Die mit der Zunge im Arsch sind die Fußballer der Nationalmannschaft. Oder, wenn sie etwas größer sind, berühmte Hockeyspieler. Mit rot-grünen Fahnen darf man spazieren gehen, mit weiß-rot-weißen nicht. Verwechseln Sie das nicht! In Jogginghosen und mit Gewehr herumlaufen darf man, in Kleidern und mit Blumen nicht. Graffiti malen ist verboten,

Aus dem Russischen von Ruth Altenhofer

микроавтобус – бегите, но не трусцой, а во всю мощь. В общем, добро пожаловать в Минск, ничего не бойтесь и много гуляйте – могут и не посадить – все тюрьмы переполнены.

17.11.2020

Gedenkstätten zerstören nicht. Drogen gibt es in der Stadt keine – die hat alle die OMON gefressen. Wenn Sie ein Mann in aggressiver Stimmung anpöbelt – leisten Sie keinen Widerstand, das ist ein Polizist. Wenn neben Ihnen ein Kleinbus anhält – rennen Sie, aber nicht im Trab, sondern so schnell Sie können. Jedenfalls, willkommen in Minsk, haben Sie keine Angst und gehen Sie viel spazieren – vielleicht werden Sie gar nicht festgenommen – die Gefängnisse sind alle voll.

17.11.2020

АГНИЯ ЛОЙКА

ХОЛОДНАЯ КАМЕРА

С большим красным пакетом с передачей в руках меня вывели во двор ЦИПа, где стояло несколько серых автозаков. «Чем отличаются серые автозаки от зеленых?» – спросите вы. А я отвечу, что серые предназначены для перевозки заключенных, то есть внутри находятся камеры-«стаканы» (штук 6-8), предназначенные для одиночной перевозки заключенных, а свободное место отведено под диван для конвоиров. Зеленые автозаки перевозят силовиков – внутри камер нет, только узкие длинные скамьи.

Мне сказали залезть в самый первый «стакан» на двоих человек, находящийся ближе к местам конвоиров. Только у этого «стакана» была решетка, через которую было видно, что происходит внутри автозака, – в остальных одиночных камерах в дверях были только круглые щелки, прикрытые бумажками. Внутри «стакана» была узкая и абсолютно ледяная на ощупь скамейка – на улице ноябрь. Когда я заходила, там уже было два человека (знакомые мне Лена и Елена), я была третьей. Казалось, что мест уже совсем-совсем нет, но четвертой к нам запихнули еще одну девушку, Светлану. Мы все были с сумками передач, и нам негде было ни встать, ни сесть... Но дверь камеры закрыли, и нам пришлось располагаться.

Ехали мы примерно час и въехали в город Жодино, где почти сразу остановились. Двигатель заглох. Конвоиры сменились, и при пересменке были слышны разговоры про очередь из

AGNJA LOIKA

KALTE GEFÄNGNISZELLE

Eine große rote Tüte mit für mich zusammengepackten Sachen in der Hand führten sie mich in den Hof des Untersuchungsgefängnisses Okrestino, wo ein paar graue Gefängnistransporter standen. Worin unterscheiden sich graue von grünen Gefängnistransportern, werden Sie fragen. Und ich antworte Ihnen: Die grauen sind für den Transport von Gefangenen – im Innenraum befinden sich daher »Streichholzschachtel«-Zellen (6–8 Stück), die für den Einzeltransport von Gefangenen vorgesehen sind, und der verbliebene Freiraum ist für die Sitzbank der Begleitposten bestimmt. Grüne Gefängnistransporter befördern Milizionäre und Geheimdienstler – im Inneren gibt es keine Zellen, nur schmale lange Sitzbänke.

Mir wurde befohlen, in die erste »Streichholzschachtel« hineinzugehen, die für zwei Personen bestimmt war und sich am nächsten zu den Begleitposten befand. Nur diese »Streichholzschachtel« hatte ein Gitter, durch das man beobachten konnte, was im Innenraum des Gefängnistransporters vor sich ging – in den restlichen Einzelzellen gab es nur kleine runde Öffnungen, die mit Papier abgedeckt waren. Die schmale Bank in der »Streichholzschachtel« fühlte sich eiskalt an – es war November. Als ich die Zelle betrat, waren dort bereits zwei Personen (Lena und Jelena – ich kannte sie beide), ich war die dritte. Es schien, als gäbe es absolut keinen Platz mehr, aber man quetschte noch eine vierte junge Frau zu uns, Swetlana. Wir alle hatten Plastiktüten mit unseren Sachen dabei und standen so dicht gedrängt, dass wir weder sitzen noch stehen konnten … Doch

Aus dem Russischen von Claudia Zecher

автозаков на въезде и что «мы уже вторые». Стояли мы еще примерно час. Сначала тихо, а потом все громче соседи по камерам стали перестукиваться. Перестук – это субкультура политзаключенных. По перестукам можно узнать почти все кричалки с воскресных маршей! Есть, например, «Жыве Беларусь!» и стук в ответ – «Жыве!». Есть «Лу-ка-шен-ко в авто-зак», «Верым! Можам! Пераможам!» и «Со-бач-ку!». Было еще что-то, что мы не идентифицировали на слух. Чем дольше мы стояли в очереди на приемку в тюрьму Жодино, тем громче перестукивался наш автозак. Жестами я попросила девушек рядом не стучать в ответ, так как мы были ближе всего к конвоирам, но они вроде и не планировали... Просто улыбались. Когда стук стал отчетливо слышен, я вдруг запаниковала, так как подумала, что конвоиры сейчас взбесятся и применят силу к стучащим. С тревогой посмотрела в подсвеченное телефоном лицо милиционера – оно не выражало вообще ничего. То ли он настолько недалекий, что даже не понимал, что это за стук, то ли просто сделал вид, что не понимает.

Мы дождались нашей очереди, и нас завели в маленькую узкую подвальную комнату, где пришлось стоять лицом к стене в два ряда еще минут тридцать. Стояла я в подвальной комнате прямо около батареи, руки на нее, конечно, положить было нереально (руки за спиной), но все-таки удалось чуть согреться. Чем можно занять себя полчаса, стоя лицом к стене? Я разглядывала стену... Она, кстати, была вполне интересная, облицованная белой узкой потрескавшейся плиточкой. Узоры трещин можно было разглядывать, как в детстве узоры настенного ковра. Подключив воображение, я даже увидела что-то наподобие подмигивающего смайлика

die Zellentür wurde geschlossen, und so mussten wir irgendwie zurechtkommen.

Wir fuhren etwa eine Stunde bis wir die Stadt Schodino erreichten, wo wir auch gleich anhielten. Der Motor wurde abgestellt. Die Begleitposten wurden abgelöst, wobei wir die Gespräche über die Transporter-Warteschlange vor der Einfahrt mitbekamen und auch, dass wir »schon die Zweiten« seien. Wir standen noch etwa eine weitere Stunde da. Zunächst gaben die Zellennachbarn leise, dann immer lautere Klopfsignale. Klopfsignale gehören zur Subkultur politischer Gefangener. Durch Klopfsignale konnten wir beinahe alle Parolen und Sprechchöre der Sonntagsmärsche erraten! Wie zum Beispiel: »Schywe Belarus! – Es lebe Belarus!« und als Antwort »Schywe! – Es lebe hoch!«, »Lukaschenko w awtosak – Lukaschenko Abtransport«, »Werym! Moscham! Peramoscham!« – Wir glauben! Wir können! Wir siegen!« und »Sobatschku! – Hündchen!«. Es gab noch eine Parole, die wir nicht entschlüsseln konnten. Je länger wir in der Warteschlange zur Einlieferung ins Schodino-Gefängnis standen, desto lauter wurden die Klopfzeichen in unserem Transporter. Gestikulierend bat ich die Mädchen neben mir, keine Antwort zu klopfen, da wir den Begleitposten am nächsten waren, aber sie schienen es ohnehin nicht beabsichtigt zu haben ... Sie lächelten nur. Als das Klopfen unüberhörbar wurde, bekam ich plötzlich Panik, weil ich dachte, dass die Posten gleich einen Wutanfall bekommen und gewalttätig werden würden. Ängstlich schaute ich dem Milizionär ins vom Mobiltelefon angeleuchtete Gesicht – es war völlig ausdruckslos. Entweder war er so beschränkt, dass er nicht verstand, was das für ein Klopfen war, oder er gab einfach nur vor, es nicht zu verstehen.

и даже подумала: может, это не случайные трещины, а кто-то их изобразил? Или нет. Тем не менее, делать было нечего, и я даже подмигнула пару раз подмигивающему смайлику, все равно никто не видит. Еще я слушала переговоры вертухаев. В контингенте обслуживающего персонала (я сразу заметила разницу с Окрестина) были люди в военной форме. Переговаривались они нормальным тоном, не орали друг на друга и все разом подшучивали над неким Михалычем. Речь была почти без мата, и я подумала, что это хороший знак.

Нас провели в железную дверь, за которой был длинный коридор. Точнее, целая система подземных коридоров, называемая «галереей». Это были узкие длинные коридоры под низким потолком, каждый сектор имел свой номер. Сектора начинались и заканчивались железными дверьми, которые попеременно с эхом и грохотом открывал и закрывал вертухай. Зайти в следующий сектор, не закрыв за собой предыдущую дверь, невозможно. Поэтому проход по «галерее» получается долгим, у каждой двери надо стоять лицом к стене, пока вертухай ее не закроет. У стены слева идет длинный металлический провод, который ни в коем случае нельзя трогать, – говорят, это система, которая открывает автоматический огонь на поражение в этом секторе (возможно, это байка, но вертухаи грозно приказывают не задевать шнур). Также в коридорах много красных кнопок охраны, в некоторых я видела старые двери в камеры – надеюсь, что все-таки там, под землей, никого не держат. Итак, долго ли коротко ли, но из подземного лабиринта мы наконец вышли в корпус тюрьмы. Позже я узнала, что это был изолятор временного содержания, остальные здания комплекса уже тюремные.

Endlich kamen wir an die Reihe. Wir wurden in einen kleinen schmalen Raum im Keller geführt, wo wir noch etwa 30 Minuten in zwei Reihen mit dem Gesicht zur Wand stehen mussten. Ich stand in diesem Kellerraum direkt vor dem Heizkörper. Es war natürlich unmöglich, die Hände (die ich hinter dem Rücken hatte) darauf zu legen, ich konnte mich aber trotzdem ein wenig aufwärmen. Womit man sich beschäftigt, wenn man eine halbe Stunde mit dem Gesicht zur Wand steht? Ich musterte die Wand, die übrigens durchaus interessant war – mit ihren schmalen weißen Fliesen mit Mustern aus Sprüngen. Diese Muster konnte man eingehend in Augenschein nehmen, wie in der Kindheit die Muster eines Wandteppichs. Mit Phantasie malte ich mir sogar eine Art zwinkernden Smiley aus und dachte: ›Vielleicht sind das gar keine zufällig entstandenen Sprünge? Vielleicht hat die jemand draufgemalt?‹ Oder eben nicht. Wie dem auch sei, zu tun gab es nichts, und ich zwinkerte dem zwinkernden Smiley sogar ein paar Mal zu, weil das ohnehin niemand bemerkte. Zugleich lauschte ich den Gesprächen der Gefängniswärter. Zum Personalkontingent (den Unterschied zu Okrestino bemerkte ich sofort) gehörten auch Personen in Armeeuniform. Sie sprachen in normalem Ton miteinander, schrien einander nicht an und ganz plötzlich machten sie sich alle über einen gewissen Michalytsch lustig. Schimpfwörter benutzten sie fast keine, was mir ein gutes Zeichen zu sein schien.

Wir wurden durch eine Eisentür geführt, hinter der sich ein langer Korridor befand. Genauer gesagt, ein ganzes System unterirdischer Korridore, »Galerie« genannt. Schmale endlose Korridore mit niedriger Decke, jeder Sektor hatte seine Nummer. Am Beginn und am Ende der Sektoren befanden sich Eisentüren, die nacheinander mit Poltern und Echo jeweils von einem Ge-

Нас завели на первый этаж и поставили лицом к стене. В коридорах громко играло государственное радио, заглушая рогот и разговоры из камер. Шла передача-беседа с психологом о том, как сохранить теплые и доверительные отношения в семье. Тут я вспомнила про свою передачу и опять радостно прослезилась. По одному нас начали вызывать на очередной личный досмотр. В маленькой комнатке девушка-военная с абсолютно кислым, как капуста, выражением лица, осмотрела мои вещи. Конечно, до этого она сказала мне раздеться догола. Снимая с себя три свитера, я впервые в жизни почувствовала запах своего немытого тела – я не была в душе уже шесть дней. Тут-то я и поняла причину такого выражения лица военной. Женщина пальцами скрупулезно проверила каждый сантиметр моей одежды (кроме майки и трусов), попросила открыть рот, высунуть язык, но приседать не просила. После процедуры я подумала, как же Ирина пронесет свой маленьких флаг через этот тщательный досмотр?

Наконец нас, троих девушек, завели в камеру на втором этаже. Первым делом, еще даже не зайдя в камеру, я увидела полки, на которых лежало много печенья и прочих благ. В камере за нами закрыли сначала большую решетку, а потом и железную дверь. Привет, камера №29, гласила надпись карандашом над дверью. Камера выглядела безнадежно: большое помещение на восемь коек, размытая побелка на потолке с потеками, стены бежево-коричневого цвета тоже в них. Шконки и стол потертые и неровные, а единственное окно закрыто большим синим одеялом (ощущение, что ты во время бомбежки в войну). Сразу бросилось в глаза, что все «постоялицы» были одеты в зимние куртки и даже шапки,

fängniswärter geöffnet und geschlossen wurden. Es war unmöglich, in den nächsten Sektor zu gelangen, ohne dass die vorige Türe geschlossen worden war. Aus diesem Grund dauerte der Weg durch die »Galerie« ewig, noch dazu musste man bei jeder Tür mit dem Gesicht zur Wand stehen, bis ein Wärter sie geschlossen hatte. An der linken Wand verlief eine lange metallene Rohrleitung, die auf keinen Fall berührt werden durfte – es hieß, das sei das System, das automatisch gezieltes Feuer in diesem Sektor eröffne (vielleicht ist da auch nichts Wahres dran, aber die Wärter befahlen streng, diese Leitung nicht zu berühren). Außerdem gab es in den Korridoren viele rote Alarmknöpfe für die Wachen. In einigen Korridoren sah ich sogar alte Zellentüren, aber ich hoffe doch, dass dort unter der Erde niemand gefangen gehalten wird. Nach einer Weile gelangten wir aus dem unterirdischen Labyrinth in den Gefängnistrakt. Später erfuhr ich, dass ich im Untersuchungsgefängnis gewesen war, das Gefängnis befindet sich in den anderen Gebäuden des Komplexes.

Wir wurden ins Erdgeschoss gebracht, wo wir uns mit dem Gesicht zur Wand stellen mussten. Durch die Korridore dröhnte ein staatlicher Radiosender, wodurch der Lärm und das Stimmengewirr in den Zellen übertönt wurden. Es lief ein Gespräch mit einem Psychologen darüber, wie in der Familie für Geborgenheit und gegenseitiges Vertrauen gesorgt werden könne. Da erinnerte ich mich an meine eigene Sendung und mir stiegen vor Rührung die Tränen in die Augen. Einzeln wurden wir nun ein weiteres Mal zur Leibesvisitation gerufen. In einem winzigen Raum nahm eine Soldatin mit einem Gesicht wie drei Tage Regenwetter meine Sachen unter die Lupe. Natürlich hatte sie mir davor befohlen, mich nackt auszuziehen. Als ich die drei

хотя и очень приветливо нам улыбались! Очевидно, что отопления в камере не было. Завешенное окно было с надтреснутым стеклом и отодвинутой рамой (наверное, кто-то летом пытался его открыть). Батареи не работали, а за окном тем временем было около нуля градусов. Туалет находился на постаменте с низким ограждением без какой-либо дверцы – то есть, сидя в туалете, можно наблюдать все, что происходит за столом, но и сидящие за столом легко могут наблюдать за сидящим в туалете. Горячей воды в кране не было. Единственный и неоспоримый плюс камеры – это наличие зеркала над умывальником, хоть и маленького. Ура!

Время было уже после ужина, поэтому на длинном столе стояло много жестяных кружек с чаем. Хозяйки камеры сразу начали нас угощать, ведь мы не ели весь день. Мы попили холодный чай и поели хлеб с колбасой и салом из наших (уииииии!) передач! С нами за столом сидели две приятные дамы предпенсионного возраста, Жанна и Инна. Они начали расспрашивать про новости, но мы-то сами уже шестой день были в неволе, наши знания были устаревшими. Итого с нами в камере очутились: Нина и Жанна, моя коллежанка с Окрестина, психолог-нарколог Лена, дизайнер и студентка-юристка Вика, специалистка по продажам медоборудования Света, с которой мы близко познакомились в «стакане» при переезде, и моя соседка с предыдущей камеры Инга.

Холод был собачий. После «ужина» я начала разгребать передачу и надевать на себя все найденные там вещи. Итак, я нашла спортивный костюм черного цвета с надписью «Never Give Up!» на рукавах, черное термобелье и темно-серые

Sweatshirts ablegte, nahm ich zum ersten Mal in meinem Leben den Geruch meines ungewaschenen Körpers wahr – ich hatte schon sechs Tage lang nicht geduscht. Da verstand ich plötzlich auch den Gesichtsausdruck der Soldatin. Peinlich genau tastete die Frau mit ihren Fingern jeden Zentimeter meiner Kleidung ab (außer das Unterhemd und den Slip); sie bat mich, den Mund zu öffnen und die Zunge herauszustrecken, aber in die Hocke gehen musste ich nicht. Nach dieser Prozedur dachte ich an Irina: Wie würde sie ihre kleine Fahne durch diese penible Untersuchung schmuggeln?

Schließlich führte man uns, drei junge Frauen, in eine Zelle im ersten Stock. Zuallererst, noch vor dem Betreten der Zelle, fiel mir eine Stellage ins Auge, auf der viele Kekse und andere Leckereien lagen. Hinter uns wurde zuerst das große Gitter geschlossen, danach die Eisentür der Zelle. ›Willkommen in Zelle Nr. 29‹ verkündete ein mit Bleistift angebrachter Schriftzug über der Tür. Die Zelle sah trostlos aus: ein großer Raum mit acht Schlafstellen. Kaum noch Farbe an der Decke, dafür Wasserflecken, die auch an den beige-bräunlichen Wänden zu sehen waren. Die Pritschen und der Tisch waren abgenutzt und schief, das einzige Fenster war mit einer großen dunkelblauen Decke zugehängt (ein Gefühl wie bei der Verdunkelung während der Bombardements im Krieg). Sofort fiel mir auf, dass alle »Bewohnerinnen« Winterjacken und sogar Mützen trugen, aber sie lächelten uns sehr freundlich entgegen! Allem Anschein nach gab es keine Heizung. Das zugehängte Fenster hatte eine gesprungene Scheibe und saß schief im Rahmen (wahrscheinlich hatte im Sommer jemand das Fenster öffnen wollen). Die Heizung funktionierte nicht, obwohl es draußen um die Null Grad hatte. Die Toilette befand sich auf einem Sockel umgeben von einer niedrigen Wand, eine Tür

термоноски. Надев это все на себя, я поняла, что выгляжу как ОМОН, – вся в черном. Выбор черного цвета для всех вещей в передаче меня озадачил. Может, это какой-то код или случайность? Потом оказалось, что подруги Тоня и Маша, выбиравшие сей наряд, просто подумали о том, что черный меньше пачкается, а также предположили, что я потом захочу сжечь этот костюм, и вещи черного цвета мне будет не жалко.

Мне досталась верхняя шконка около умывальника. На верхних никто не спал – не потому, что туда сложно забираться. Именно там сильно дуло из окна. Всю ночь я слышала свист ветра над головой, закутанной в два капюшона байки и куртки. Да, кажется, в ту ночь ветер дул прямо в треснутое стекло.

gab es nicht. Saß also eine auf der Toilette, konnte sie beobachten, was am Tisch vor sich ging, doch auch wer am Tisch saß konnte mühelos die auf der Toilette beobachten. Heißes Wasser gab es keines. Der einzige unbestrittene Pluspunkt dieser Zelle war, dass ein Spiegel über dem Waschbecken hing, wenn auch nur ein kleiner. Hurra!

Es war bereits nach dem Abendessen, weshalb viele Blechbecher mit Tee auf dem langen Tisch standen. Die Zellenbewohnerinnen boten uns sofort etwas zu essen an, wir hatten ja den ganzen Tag nichts bekommen. Wir tranken kalten Tee und aßen Brot mit Wurst und fettem Speck, den wir bei unseren (oi-oi-oi!) Sachen gefunden hatten! Mit uns am Tisch saßen zwei nette Damen, die beinahe im Rentenalter waren: Schanna und Inna. Sie erkundigten sich bei uns nach Neuigkeiten, aber wir waren ja selbst schon den sechsten Tag in Gewahrsam, wir waren gar nicht mehr auf dem Laufenden. Die komplette Belegschaft unserer Zelle waren: Nina und Schanna, meine Zellengenossin aus Okrestino, die Suchttherapeutin Lena, die Designerin und Jura-Studentin Wika, die Medizintechnik-Vertreterin Sweta, mit der ich während der Überstellung in der »Streichholzschachtel« nähere Bekanntschaft geschlossen hatte, und meine Mitgefangene aus der vorigen Zelle, Inga.

Es war schweinekalt. Nach dem »Abendessen« begann ich meine Sachen auszupacken. Ich streifte alles über, was ich nur finden konnte, und das waren: ein schwarzer Trainingsanzug mit der Aufschrift «Never Give Up!» auf den Ärmeln, schwarze Thermounterwäsche und dunkelgraue Thermosocken. Nachdem ich das alles angezogen hatte, wurde mir bewusst, dass ich wie eine Kämpferin der Spezialeinheit OMON aussah – von Kopf bis

Fuß in Schwarz. Die Wahl der Farbe Schwarz für alle Kleidungsstücke in den für mich gepackten Sachen gab mir zu denken. War das vielleicht ein Code? Oder Zufall? Später stellte sich heraus, dass meine Freundinnen Tonja und Mascha dieses Outfit gewählt hatten, weil sie ganz einfach dachten, dass schwarz nicht so schnell schmutzig wird, und darüber hinaus annahmen, dass ich diese Klamotten später wohl verbrennen würde, und um schwarze Sachen täte es mir nicht leid.

Ich bekam die obere Pritsche neben dem Waschbecken. Oben schlief niemand, und zwar nicht, weil es schwierig war hinaufzuklettern, nein, sondern weil es dort vom Fenster her stark zog. Die ganze Nacht pfiff der Wind über meinen Kopf hinweg, über den ich zwei Kapuzen gezogen hatte – vom Sweatshirt und von der Winterjacke. In dieser Nacht schien der Wind direkt durch das gesprungene Fenster hereinzuwehen.

ІРЫНА КОЗІКАВА

Кожны дзень за лістам ліст
Птушкі аднясуць за краты.
Як заблукаўшы турыст,
Зноў шукаюць шлях да хаты.

Цягнем тоненькую нітку,
Слова – стужка, слова – крок.
Цеплыня ўся ва ўжытку,
Толькі рвецца зноў шывок.

Не глядзіце, што знікаюць,
Не чакайце вы адказ.
Лісты трохі паблукаюць,
Але прыйдзе да іх час.

Болей птушак – болей шанцаў,
Што прарвуцца скрозь муры.
Цеплыню, любоў і радасць
Калі ласка, падары.

І збудуем нітку з сталі,
Не разрэжа, не парве.
Бо любоў мацней за краты
Бо ўся Беларусь ЖЫВЕ!

IRYNA KOSIKAWA

Brief für Brief und Blatt für Blatt
schmuggeln die Vögel durch Gitterstäbe.
Wie verirrte Touristen, Tag für Tag,
suchen sie den Weg nach Hause.

Wir nähen mit dünnem Faden,
Worte – Bänder, Worte – Schritte
wärmende Nähte der Hoffnung,
aber die Naht, sie zerreißt doch.

Wundert euch nicht, wenn die Blätter verschwinden,
Antwort nicht kommt,
sie sich verirren:
ihre Zeit kommt doch.

Viele Vögel, viele Chancen,
überwinden jede Mauer.
Wir bitten euch, schenkt uns
Wärme, Liebe und Freude.

Weben wir ein stählernes Band,
nicht zu schneiden, nicht zu brechen.
Stärker als jedes Gitter, stärker als jede Wand,
ist die Liebe – Belarus lebe!

Aus dem Belarussischen von Wolfgang Hörner , Alina Lisitzkaja und Martina Jakobson

ОЛЬГА РОМАНОВА

АГОНИЯ

Мы живем в агонии. Агонии диктатуры. Она затянулась, новые жертвы появляются каждый день. Жанры: триллер, театр жестокости, драма абсурда, наша такая жизнь. Как это ощущается изнутри?

Весна, солнце, небо, робкая травка и все, что нужно человеку, чтобы выдохнуть после серой стылой минской зимы. Город полон людей, зовут кафе и магазины, нормальная человеческая суета. Новая волна коронавируса, в больницах лежат люди, умирают или выздоравливают, но все к этому как будто привыкли, маски болтаются под подбородком. Одно за другим закрывают любимые культурные пространства, арестовывают книги – топят наши островки, которые мы так дружно укрепляли. Зачистки, ябатьки, шизоидная пропаганда по ТВ, каждый день – новый виток теории заговора и новые полицейские идеи. Суды работают, как бешеный принтер. Тюрьмы моей маленькой страны переполнены.

Все вместе ощущается как тотальное нарушение нормальности. Идешь по улице – вокруг красиво (я люблю свой город), улыбаются люди (я люблю минчан). И все это одновременно и настоящее, и мультик, реальность будто изнасилована, плывет картинка.

В моем районе больше не висят в окнах бел-чырвона-белые флаги и даже белые с красным полотенца (сочетание этих цветов запрещено – можно сесть на 15 суток за красную

OLGA ROMANOWA

AGONIE

Wir leben in Agonie. In der Agonie der Diktatur. Sie zieht sich hin, jeden Tag gibt es neue Opfer. Zu den Genres, die hier gespielt werden, gehören: Thriller, Theater der Grausamkeit, Absurdes Theater – so ist unser Leben. Wie sich das von innen anfühlt?

Frühling, Sonne, blauer Himmel, sprießendes Gras und alles, was der Mensch braucht, um nach dem grauen eisigen Minsker Winter aufzuatmen. Die Stadt ist voller Menschen, die Cafés und Geschäfte rufen, es herrscht die übliche Betriebsamkeit. Eine neue Corona-Welle ist da, in den Krankenhäusern liegen Menschen, sie sterben oder genesen, doch alle scheinen sich daran gewöhnt zu haben, die Masken baumeln unter dem Kinn. Ein beliebter Kulturveranstaltungsraum nach dem anderen wird geschlossen, das Erscheinen von Büchern wird verhindert – unsere kleinen Inseln, die wir uns Seite an Seite geschaffen haben, gehen unter. Säuberungen, Pro-Lukaschenko-Demos, schizoide Propaganda im Fernsehen, jeden Tag noch mehr Verschwörungstheorien und neue Erkenntnisse der Polizei. Die Gerichte arbeiten im Dauerbetriebsmodus. Die Gefängnisse meines kleinen Landes sind überfüllt.

Alles zusammen fühlt sich wie eine totale Abweichung von der Normalität an. Du gehst die Straße entlang – ringsum ist es schön (ich liebe meine Stadt), die Menschen lächeln (ich liebe die Minsker). Und all das ist Wirklichkeit und zugleich Trickfilm, die Realität scheint vergewaltigt, die Bilder verschwimmen einem vor den Augen.

Aus dem Russischen von Claudia Zecher

шапку на голове и белый шарф на шее). Вместо них соседи приклеивают на окна белые листы А4. Мы все еще сопротивляемся, мы разам.

In meinem Bezirk hängen keine weiß-rot-weißen Fahnen mehr in den Fenstern, nicht einmal mehr weiße und rote Handtücher (diese Farbkombination ist verboten – man kann 15 Tage Haft für eine rote Mütze auf dem Kopf und einen weißen Schal um den Hals bekommen). Stattdessen kleben die Nachbarn weiße A4-Blätter an die Fenster. Wir leisten immer noch Widerstand, wir halten zusammen, my rasam.

ВИКТОР МАРТИНОВИЧ

АНОНИМНОСТЬ ЗЛА

Исключительность событий, развернувшихся в Беларуси, сделала ее исследовательским полигоном для изучения явления, которое может окружать любого человека в любое время, но в полной мере проявляет себя очень редко.

Это явление – Зло во всех его проявлениях, от ярости до немотивированного насилия и обыкновенного садизма.

Мне было интересно видеть, как известный российский публицист Алексей Пивоваров, заинтересовавшись феноменом жестокости, решил обратиться именно к белорусскому опыту. При том, что Пивоваров живет в России, где, казалось бы, тоже хватает кейсов для рассмотрения мрачной стороны в человеке. В одной своей недавней передаче Пивоваров опирается на «Банальность Зла» Ханы Арендт. Как если бы со времен Третьего Рейха не случалось образно описанных Шаламовым и Солженицыным рецидивов Зла за колючей проволокой ГУЛАГа.

Арендт полагает, что Зло порождается отказом от свободы принятия решений, бездумным подчинением полученным приказам.

Но я с этим не соглашусь.

Думать так – значит отрицать то, что Зло в том или ином виде есть в каждом из нас и преступные приказы только открывают ему дорогу.

VIKTOR MARTINOWITSCH

DIE ANONYMITÄT DES BÖSEN

Die Exklusivität der Ereignisse in Belarus machte aus dem Land einen exponierten Schauplatz zur Erforschung eines Phänomens, das grundsätzlich jederzeit ausbrechen kann, aber höchst selten in einer derartigen Ausgeprägtheit zu Tage tritt.

Ich spreche vom Bösen in all seinen Erscheinungsformen, von Raserei über unmotivierte Gewalt bis hin zu schnödem Sadismus.

Mit Interesse habe ich zur Kenntnis genommen, dass der bekannte russische Publizist Alexej Piwowarow in seiner Auseinandersetzung mit dem Phänomen der Grausamkeit das Beispiel Belarus heranzog. Dabei lebt Piwowarow in Russland, wo es nun wahrlich nicht an Gelegenheiten mangelt, die finsteren Seiten des Menschen zu beleuchten. In einem seiner jüngsten Beiträge bezog er sich auf Hannah Arendts Diktum von der »Banalität des Bösen«. Als habe es nach dem Ende des »Dritten Reichs« nicht auch noch Schalamows und Solschenizyns anschauliche Schilderungen der Rezidive des Bösen hinter dem Stacheldraht des Gulags gegeben.

Arendt war der Auffassung, das Böse entstehe aus einer Aufgabe der freien Willensentscheidung, aus der gedankenlosen Ausführung von Befehlen.

Darin kann ich ihr nicht folgen.

Aus dem Russischen von Thomas Weiler

Насмотревшись на происходившее в Беларуси с августа 2020, рискну заключить: единственным надежным противовесом Злу является ответственность.

Потому что когда существо, причастное к власти, даже к мизерной власти – например, власти не пускать кого-то в учебный корпус во время силового разгона, – лишается даже тени ответственности, начинается самое интересное.

Нет ничего благороднее профессии милиционера, который охраняет спокойствие и благополучие своих сограждан. Эта профессия настолько же нужна обществу, как профессия врача и учителя. Момент, когда человек в погонах перерождается в источник страха и насилия, напрямую связан с размытием ответственности.

Рискну допустить, что каждый – буквально каждый из нас, самый светлый и добрый сердцем, – оказавшись в ситуации полной вседозволенности, в окружении разъяренных коллег, – начнет постепенно сокращать собственную человечность. Потому что они, и рядовые, и высокие начальники, задают линию поведения, а ты начинаешь на них равняться, сначала – отвечать на грубость грубостью, потом – отвечать насилием на насилие (хотя твоя функция – не допускать насилия, не умножать его), а потом в какой-то момент, заметив лежащего на траве молодого человека, начинаешь дубасить его дубинкой – при том, что никакой угрозы тебе он не несет.

И да, я уверен, что никакого расследования злоупотреблений в РБ не будет. Даже в случае мощного давления Европы

Diese Annahme negiert, dass wir alle das Böse in der ein oder anderen Form in uns tragen, und der verbrecherische Befehl ihm lediglich die Tür öffnet.

Nach meiner intensiven Beschäftigung mit dem Geschehen in Belarus seit August 2020 wage ich die These: Das einzig verlässliche Gegengewicht zum Bösen ist die Verantwortung.

Denn sobald eine Person mit Machtbefugnissen, und seien diese noch so kümmerlich (etwa die Befugnis, während der gewaltsamen Auflösung einer Versammlung den Zutritt zu einem Hochschulgebäude zu verwehren), jeglicher Verantwortung enthoben ist, wird es interessant.

Es gibt keinen ehrenwerteren Beruf als den des Polizisten, der Ruhe und Wohlergehen seiner Mitbürger verteidigt. Dieser Beruf ist für die Gesellschaft genauso wichtig wie der des Arztes oder Lehrers. Der Moment, in dem sich eine Person mit Schulterstücken in einen Quell von Gewalt und Terror verwandelt, steht in direktem Zusammenhang mit der Verwässerung von Verantwortlichkeit.

Ich wage zu behaupten, dass jeder Einzelne, wirklich jeder von uns, und sei er noch so lauter und herzensgut, in einer Situation völliger Willkür, umgeben von entfesselten Kollegen, die eigene Menschlichkeit nach und nach zurückfährt. Denn sie, die Gemeinen genauso wie die hohen Vorgesetzten, geben den Verhaltenskodex vor, und du passt dich ihnen an, reagierst zunächst auf Grobes mit Grobem, dann auf Gewalt mit Gewalt (dabei ist deine Aufgabe, Gewalt zu verhindern und nicht sie zu verstärken), bis du irgendwann so weit bist, mit deinem Gummiknüppel auf

и ООН. Просто если хотя бы один силовик будет наказан, все остальные очнутся и поймут, что ответственность все еще здесь, даже в нашей искаженной вселенной.

Именно отсюда исходило странное поведение тех, с кого «при исполнении» вдруг срывали маску.

Казалось бы, они на работе – и к чему бояться?

С какой стати им сбегать?

Начальство их не накажет, наоборот, только наградит за дополнительное «рвение». Но открытое лицо – перспектива опознания и установления личности – открывает путь к какой-никакой ответственности. Осуждению соседей или знакомой продавщицы.

А принципиально здесь то, чтобы ответственности не было вообще никакой. Даже моральной или этической.

Арендт предлагает нам считать, что Эйхман не понимал, что стал агентом Зла. Что он думал, что просто делает свою работу. Банальную, рутинную работу. Ту, которой тем или иным образом занимается каждый из нас, погруженных в абсурд существования в мире, где ты не выбираешь, когда родиться, и вместе с тем четко осознаешь, что рано или поздно умрешь. Камю сравнивал это с драмой Сизифа. По Арендт не так уж и важно, в чем заключается твоя доля в круговерти житейского абсурда – в упаковке гамбургеров или в убийстве людей. В ситуации, когда Закон стал на сторону Зла, ты обязан уничтожать других, чтобы оставаться

einen am Boden liegenden Jugendlichen einzudreschen, der keinerlei Bedrohung für dich darstellt.

Und, ja, ich bin überzeugt, dass keiner dieser Missbrauchsfälle in der Republik Belarus vor Gericht landen wird. Mag der Druck seitens der Europäischen Union und der Vereinten Nationen auch noch so hoch sein. Denn sollte auch nur ein einziger Uniformträger zur Rechenschaft gezogen werden, wäre allen anderen klar, dass es doch noch eine Verantwortung gibt, sogar in unserer aus den Fugen geratenen Welt.

So erklärt sich auch das seltsame Verhalten derer, denen »in Ausübung ihres Dienstes« die Gesichtsmasken heruntergerissen worden waren.

Sie taten doch nur ihre Arbeit, was hatten sie also zu befürchten?

Wieso sollten sie das Weite suchen?

Die Vorgesetzten würden sie nicht bestrafen, sondern sie im Gegenteil noch auszeichnen wegen besonderen Eifers. Aber ein unverdecktes Gesicht eröffnet die Möglichkeit, erkannt und identifiziert zu werden, macht den Weg frei für eine wie auch immer geartete Verantwortlichkeit. Für eine Verurteilung durch die Nachbarn oder die Frau an der Supermarktkasse.

Die Tatsache, dass es keinerlei Verantwortung gibt, nicht einmal eine ethisch-moralische, ist also im gegebenen Fall eine Grundvoraussetzung.

добропорядочным гражданином. Таков твой труд, твой Камень, который ты изо дня в день без особого смысла волочешь на гору. Этика остается по ту сторону усталости, сопровождаемой любым рутинным трудом.

Но столкнувшись с произошедшим в Беларуси, я думаю, что Эйхман как раз все прекрасно понимал. Наши представления о Добре и Зле не редуцируются до приказов руководства или того, что говорят по радио. Именно поэтому все религии мира так похожи в наборе своих заповедей. Мы прекрасно знаем, что делать можно, а чего – ни в коем случае нельзя. Даже если Закон говорит, что это нормально, а начальство, что это – твоя обязанность.

Зло, повторюсь, живет в каждом из нас. Ошейником, который сдерживает его, является представление о том, что за любой поступок нужно платить. В этом, кстати, причина необъяснимой жестокости, наблюдаемой иногда у маленьких детей. Этих прекрасных семилетних ангелочков, исподтишка мучающих домашних животных или простодушно отрывающих лапки жукам. Дети, как и Эйхман, прекрасно знают, что творят. Просто их расплата упирается в любовь родителей. Которые дальше угла не пошлют, больше выговора себе не позволят.

Во взрослом же мире, где ответственность имеет столь же разнообразные формы, что и проявления Зла, единственным спасением является полная анонимность.

Маска, скрывающая лицо, таким образом, приобретает ритуальный смысл, становится громоотводом от всех возможных проблем.

Arendt legt uns die Deutung nahe, Eichmann habe nicht verstanden, dass er zu einem Agenten des Bösen wurde. Er habe gedacht, er tue lediglich seinen Dienst. Eine banale Routinearbeit. Was wir alle eben auf unsere Weise tun, die wir in diese absurde Existenz in einer Welt gestellt sind, in der wir den Zeitpunkt unserer Geburt nicht selbst bestimmen können, gleichzeitig aber sehr wohl wissen, dass wir früher oder später sterben werden. Camus fand dafür den Vergleich mit dem Drama des Sisyphos. Für Arendt ist aber gar nicht so wichtig, worin unser Los in diesem Wirbel der alltäglichen Absurdität besteht, ob wir nun Hamburger einpacken oder Menschen umbringen. Wenn das Gesetz sich auf die Seite des Bösen geschlagen hat, bist du gezwungen, andere zu vernichten, um ein braver Bürger zu bleiben. Das ist deine Arbeit, dein Stein, den du tagaus, tagein ohne erkennbaren Sinn den Berg hinauf wälzt. Die Ethik liegt jenseits der mit jeglicher Routinetätigkeit einhergehenden Erschöpfung.

Nachdem ich aber verfolgt habe, was in Belarus geschehen ist, glaube ich, Eichmann wusste sehr wohl Bescheid. Unsere Vorstellungen von Gut und Böse lassen sich nicht auf Befehle von oben oder auf Radiomeldungen reduzieren. Aus eben diesem Grund stimmen auch die Gebote der unterschiedlichen Religionen in groben Zügen überein. Wir wissen nur zu gut, was wir dürfen und was wir unbedingt zu unterlassen haben. Selbst wenn das Gesetz es zur Norm erhebt und die Vorgesetzten es zu unserer Pflicht erklären.

Das Böse, ich wiederhole mich, steckt in uns allen. Im Zaum gehalten wird es von der Vorstellung, dass wir für all unsere Taten bezahlen müssen. So lässt sich auch die irritierende Grausamkeit erklären, die kleine Kinder bisweilen an den Tag legen.

И этот расклад, кстати, возник в Беларуси не в августе 2020 года. Этот расклад – фундамент, на котором строится белорусская «стабильность». Не верите – почитайте ранее опубликованные интервью Марины Адамович, жены политзаключенного Николая Статкевича, о том, чем были «маски-шоу» в тюрьмах тогда, когда по Сети еще не гуляла картинка с Фемидой в балаклаве.

В момент, когда я пишу эти строки, людей, срывавших маски с анонимов, «наводивших порядок» на улицах, уже начали наказывать реальными уголовными сроками. Поступок и Преступление в очередной раз поменялись местами.

Я в точности знаю, как в один момент остановить всякое насилие.

Нужно, чтобы все люди с оружием и конституционным правом на насилие выходили работать с открытыми лицами. Не нужно даже именных беджей. Открытого лица будет достаточно для сдерживания перверсивного поведения.

С другой стороны, если этого не произойдет, станет сильно хуже. Потому что в природе Зла лежит закон о постоянном преумножении и расширении границ.

Вплоть до полного беспредела.

Engelsgleiche Siebenjährige, die heimlich Haustiere quälen oder arglos Käfern die Beine ausreißen. Diese Kinder wissen wie Eichmann sehr genau, was sie da tun. Nur steht der Vergeltung die Liebe der Eltern entgegen. Die werden ihr Kind nicht gleich hinauswerfen, sondern es bei einem Tadel bewenden lassen.

In der Erwachsenenwelt jedoch, in der die Verantwortung so vielgestaltig ist wie die Erscheinungsformen des Bösen, besteht die einzige Rettung in völliger Anonymität.

So wird die Maske, die das Gesicht verdeckt, mit rituellem Sinn aufgeladen, an ihr prallen alle erdenklichen Schwierigkeiten ab.

In Belarus ist diese Struktur, nebenbei bemerkt, nicht erst im August 2020 entstanden. Sie bildet das Fundament der belarussischen »Stabilität«. Man lese nur in älteren Interviews mit Marina Adamowitsch, der Ehefrau des politischen Gefangenen Nikolai Statkewitsch, über die »Masken-Shows« in den Gefängnissen zu einer Zeit, da das Bild der Justitia mit Sturmhaube noch nicht durch das Internet geisterte.

Da ich diese Zeilen schreibe, sind bereits die ersten Personen, die anonymen »Ordnungshütern« auf offener Straße die Masken heruntergerissen haben, zu handfesten Arreststrafen verurteilt worden. Tat und Untat haben wieder einmal die Plätze getauscht.

Ich weiß ganz genau, wie alle Gewalt augenblicklich gestoppt werden könnte.

Alle Menschen mit Waffe und verfassungsrechtlicher Gewaltbefugnis müssten mit unverhülltem Gesicht ihre Arbeit tun.

Auf Namensschilder könnte man sogar verzichten. Das offene Gesicht würde genügen, das perverse Auftreten zu unterbinden.

Unterbleibt dieser Schritt aber, wird sich die Lage noch deutlich verschlimmern. Denn die beständige Vervielfachung und Verschiebung der Grenzen liegt in der Natur des Bösen.

Und irgendwann regiert die blanke Willkür.

ДМИТРИЙ СТРОЦЕВ

это самое счастливое время
всей моей жизни
говорит

это как жизнь после смерти
сама жизнь вместо
смерти

это невозможно объяснить
и не надо

невозможно было предугадать
и невозможно не признать
мгновенно

это идешь среди мертвых домов
и вдруг воскрешение мертвых

а вокруг воскрешение мертвых

люди вокруг выходят из мертвых домов
восстают из гробов и выходят выходят
изумленные толпы выходят
и сонмы и сонмы живых

они хохочут и плачут и поют и танцуют
как бессмертные

DMITRI STROZEW

das ist die glücklichste zeit
in meinem ganzen leben
sagt er

es ist wie leben nach dem tod
leben anstelle
des todes

unmöglich zu erklären
und unnötig

unmöglich vorauszusehen
und unmöglich zu übersehen
augenblicklich

du gehst zwischen toten häusern
und plötzlich siehst du die toten auferstehen

überall die auferstehung der toten

überall kommen die menschen aus den toten häusern
erheben sich aus den gräbern und kommen heraus ohne unterlass
erstaunte menschen kommen heraus in massen
schar auf schar der lebendigen

sie lachen und weinen und singen und tanzen
unsterblichen gleich

Aus dem Russischen von Andreas Weihe

как на мертвых кустах распускаются почки
как пространство купается в облаке
алых и белых цветов

как пчелы гудят и хмелеют
в тяжелой и пьяной пыльце

как они любят друг друга
как никто никогда
в моей жизни
говорит

21.11.2020

wie an totem strauchwerk sich knospen entfalten
wie der raum in einer wolke badet
aus roten und weißen blüten

wie die bienen summen berauscht
an schwerem und trunkenem pollen

wie sie sich lieben
wie niemand jemals
in meinem ganzen leben
sagt er

21.11.2020

ОБ АВТОРАХ:

РАМАН АБРАМЧУК, 39 год, перакладчык.

ЭЛЬЗА АНЗЕЛЬМ, нет информации.

АЛЬГЕРД БАХАРЭВІЧ, 1975 г.н., пісьменнік, перакладчык, аўтар шэрагу раманаў, лаурэат літаратурных прэмій. У 2017 годзе раман «Сабакі Еўропы» стаў Кнігай году ў Беларусі. Нядаўна ў Германіі выйшла кніга «Берлін, Парыж і вёска».

ТАТЬЯНА БОЙКО, 36 лет, драматург, сценаристка, журналистка.

ВОЛЬГА ГАПЕЕВА, 1982 г.н., пісьменніца, паэтка, лаурэатка шэрагу літаратурных ўзнагарод. Нядаўна быў апублікаваны нямецкамоўны раман «Camel Travel».

АННА ЗЛАТКОВСКАЯ, 39 лет, писательница. На данный момент в эмиграции.

АЛЕКСАНДРА ИВАНОВА, нет информации.

ІВАНКА ІВАШКОВА, няма інфармацыі.

ЕВА К., няма інфармацыі.

ІРЫНА КОЗІКАВА, няма інфармацыі.

ГАННА КОМАР, 1989 г.н., пісьменніца і перакладчыца.

ТОНИ ЛАШДЕН, нет информации.

АГНИЯ ЛОЙКА, 36 лет, маркетолог.

ЛЮБОВЬ, нет информации.

УЛАДЗІМІР ЛЯНКЕВІЧ, 1987 г.н., беларускі паэт і перакладчык, саліст и гітарыст груп «Tonqixod» и «Luty sakavik».

ВИКТОР МАРТИНОВИЧ, 1977 г.р., писатель, искусствовед и журналист. Роман «Паранойя» был запрещен в Беларуси. Недавно на немецком языке был опубликован роман «Революция».

МАРЫЯ МАРТЫСЕВІЧ, пісьменніца.

ЯН МЕНСКИ, нет информации.

ЛЕОНИД МЫШЛЕНИК, нет информации.

НАТАЛЬЯ ПАНКОВА, 36 лет, экономистка.

ZU DEN AUTOREN:

RAMAN ABRAMTSCHUK, 39, Übersetzer.

ELSA ANSELM, keine Information vorhanden.

ALHIERD BACHAREVIČ, geboren 1975, Schriftsteller und Übersetzer. Zahlreiche Romane und Auszeichnungen, 2017 wurde sein Roman *Die Hunde Europas* Buch des Jahres in Belarus. Zuletzt auf Deutsch *Berlin, Paris und das Dorf.*

TATJANA BOIKO, 36, Dramaturgin, Drehbuchschreiberin, Journalistin.

SASHA FILIPENKO, geboren 1984, Schriftsteller, zahlreiche Romane und Auszeichnungen, zuletzt erschien auf Deutsch *Der ehemalige Sohn.*

VOLHA HAPEYEVA, geboren 1982, Schriftstellerin, zahlreiche Auszeichnungen, zuletzt erschien der Roman *Camel Travel* auf Deutsch.

ALEXANDRA IWANOWA, keine Information vorhanden.

IWANKA IWASCHKOWA, keine Information vorhanden.

IRYNA KOSIKAWA, keine Information vorhanden.

HANNA KOMAR, geboren 1989, Schriftstellerin und Übersetzerin.

TONI LASCHDEN, keine Information vorhanden.

ULADZIMIR LIANKIEVIČ, geboren 1987, Poet, Übersetzer, Sänger der Musikgruppen »Tonqixod« und »luty sakavik«.

LJUBOW, keine Information vorhanden.

AGNJA LOIKA, 36, Manager im Bereich Marketing.

EVA K., keine Information vorhanden.

VIKTOR MARTINOWITSCH, geboren 1977, Schriftsteller, Kunsthistoriker und Journalist. Sein Roman *Paranaoia* wurde in Belarus verboten. Zuletzt erschien auf Deutsch sein Roman *Revolution*.

MARYJA MARTYSIEVIČ, Autorin.

JAN MENSKI, keine Informationen vorhanden.

LEONID MYSCHLENIK, keine Information vorhanden.

JADWIHA RAI, 75, Bibliothekarin-Bibliografin, Autorin.

ЯДВИГА РАЙ, 75 лет, библиотекарь-библиограф, автор ряда книг эссэ и стихов.

ОЛЬГА РОМАНОВА, культуролог, преподавательница, драматург. Живет в Минске.

ЛЕОНИД САВЕНОК, 53 года, грузчик. Живет в Минске.

ДМИТРИЙ СТРОЦЕВ, 1963 г.р., поэт, недавно на немецком языке был опубликован сборник стихов «staub tanzend». Живет в Минске.

ТАМАРА, 35 лет, работает в сфере ИТ. Живет в Минске.

САША ФИЛИПЕНКО, 1984 г.р., писатель, лауреат литературных премий, автор романов, рассказов и пьес. Последнее издание на немецком языке – перевод романа «Бывший сын». В настоящее время живет в Граце.

КАТРИН ШУЛЬГАН, член инициативной группы Беларусского экономического университета (БГЭУ) и «Задзіночання беларускіх студэнтаў» (ЗБС). Член гражданской инициативы Беларусский Народный Трибунал. В вынужденной эмиграции.

Мы благодарим Томаса Вейлера, Беату Рауш, Владу Филипп, Марию Райер, Аню Шлоссбергер, Кристину Хенгевосс, Петру Хубер, Генриетту Рейснер, Марину Унгер, Мартину Якобсон, Мари Альперманн, Матиаса Герица, Лидию Нагель, Клаудию Цехер, Таню Эккерт и Тину Вюншманн за оказанную помощь и перевод текстов. Спасибо медиа-проектам «Август 2020» за тексты Леонида Савенка и Тамары (их полные версии можно найти на сайте: www.august2020.info) и «Голоса из Беларуси» за тексты Альгерда Бахаревича, Саши Филипенко и Марии Мартысевич. Также мы очень благодарны «PEN-Gemany», «Центру преследуемых искусств Золинген» и другим за финансирование, сотрудничество и поддержку.

OLGA ROMANOWA, Kulturwissenschaftlerin, Lehrerin, Dramatikerin. Lebt in Minsk.

NATALIA PANKOWA, 36, Ökonomin.

LEONID SAWENOK, 53, Transportarbeiter, lebt in Minsk.

KATRIN SCHULGAN, Studentin der Belarussischen Wirtschaftsuniversität (BSEU), Mitglied der Vereinigung Belarussischer Studenten (ZBS) und der Bürgerinitiative »Belarussisches Volkstribunal«. Lebt in erzwungener Emigration.

ANNA SLATKOWSKAJA, 39, Schriftstellerin, lebt in Emigration.

DMITRI STROZEW, geboren 1963, Dichter, auf Deutsch zuletzt *staub tanzend.*

TAMARA, 35, IT-Spezialist, lebt in Minsk.

Wir bedanken uns bei Thomas Weiler, Beate Rausch, Vlada Philipp, Maria Rajer, Anja Schlossberger, Christine Hengevoss, Petra Huber, Henriette Reisner, Marina Unger, Martina Jakobson, Marie Alpermann, Matthias Göritz, Lydia Nagel, Claudia Zecher, Tanja Ekkert, Tina Wünschmann für ihre blitzschnellen und beherzten Zusage, die Übersetzung der Texte zu übernehmen.

Dem PEN Deutschland, dem Zentrum für verfolgte Künste Solingen, dem Projekt »Stimmen aus Belarus« und Media-Projekt »August 2020« sowie weiteren Ungenannten danken wir für Förderung, Zusammenarbeit und Unterstützung.

Wir bedanken das Media-Projekt »August 2020« für die Texte von Leonid Sawenok und Tamara. Die ungekürzte Versionen von diesen Texten sind auf: www.august2020.info zu finden.

Auch bedanken wir uns bei dem Projekt »Stimmen aus Belarus« für die Texte von Alhierd Bacharevič, Sasha Filipenko und Maryja Martysievič.

Примечание редактора:

В Беларуси уже несколько лет используются разные способы написания производного от названия страны прилагательного: «белорусский» (официальная и словарная норма) и «беларусский» (локальная норма). Мы решили оставить их выбор на усмотрение авторов, поэтому в сборнике используются обе формы написания.